Hindemith-Jahrbuch
Annales Hindemith
2000/XXIX

Hindemith-Jahrbuch
Annales Hindemith
2000/XXIX

Herausgeber
Paul-Hindemith-Institut, Frankfurt/Main

Mainz · London · Madrid · New York · Paris · Tokyo · Toronto

BN 140

Einband und Typographie: Günter Stiller, Taunusstein/Ts.
Gesamtherstellung: HartDruck GmbH, 97332 Volkach
Printed in Germany
ISBN 3-7957-0140-6
ISSN 0172-956X

Inhalt

Vorwort

Ob Hindemith nun komponierte, musizierte, dirigierte, unterrichtete, Vorträge hielt oder Aufsätze schrieb: Jeder seiner Aktivitäten widmete er sich stets mit einer Gewissenhaftigkeit und Intensität, die erstaunt und Bewunderung abnötigt. Wie gründlich Hindemith seinen Theorieunterricht an der Yale University in New Haven vorbereitete, welche Quellen und Sekundärliteratur er dazu studierte, ist jetzt anhand der detaillierten Übersicht nachvollziehbar, die Inga Mai Groote zu Hindemiths Theoretiker-Karteien zusammengestellt hat (*»Wie weit hat das alles wohl mit praktischer Ausführung zu tun?« Hindemiths Materialsammlung für den Theorieunterricht in Amerika*). Die Edition der *Werkeinführungen und Vorworte von Paul Hindemith* demonstriert, wie der Komponist im Laufe der Jahre zunehmend darum bemüht war, seine kompositorische Vorgehensweisen zu erläutern und zu rechtfertigen.

Die im vorliegenden Jahrbuch veröffentlichten umfangreichen Quellentexte werden durch zwei analytisch-betrachtende Beiträge zum Werk Hindemiths ergänzt. In seinem Aufsatz *Rhythme, mètre et ton poétique dans* Das Marienleben *de Paul Hindemith. Aspects d'une »Gesamtarchitektur«* befaßt sich Georges Starobinski mit den beiden Fassungen des Liederzyklus *Das Marienleben* aus den Jahren 1923 und 1948. *Gold, Hybris und Formkälte* betitelte Norbert Abels seinen Aufsatz über *Cardillac* op. 39 (1926).

Susanne Schaal-Gotthardt

Georges Starobinski

Rythme, mètre et ton poétique dans *Das Marienleben* de Paul Hindemith

Aspects d'une «Gesamtarchitektur»

Une œuvre double

A tous égards, *Das Marienleben* apparaît comme une œuvre exceptionnelle en laquelle se multiplient contradictions et paradoxes. Composée d'un ensemble de quinze lieder pour voix et piano, elle atteint avec ses quatre-vingt minutes d'exécution des proportions qui la rapprochent des grands cycles de Schubert, Brahms ou Schönberg[1]. Cependant, le subjectivisme romantique dont le lied, en particulier dans sa formation intimiste la plus courante, avait été l'emblème n'est plus à l'ordre du jour en 1922-23. C'est même en réaction contre cette *Gefühlsästhetik* que se définit la *nouvelle objectivité* qui donne le ton au lendemain de la guerre. Le lied pour voix et piano est un genre qui semble appartenir au passé, la musique vocale contemporaine s'entourant plus volontiers des sonorités insolites d'ensembles de chambre originaux. De tout cela, Hindemith est bien conscient. S'il revient à la formation traditionnelle des *Acht Lieder* op.18 (1920) juste après avoir composé l'année même deux cycles pour voix et ensemble instrumental – *Des Todes Tod* (Greinacher) et *Die Junge Magd* (Trakl) – ce n'est pas dans l'idée de poursuivre dans la veine expressionniste qui marquait ces derniers. C'est au contraire pour introduire le répertoire du *Klavierlied* sur un terrain esthétique opposé à la tradition romantique dans laquelle il s'était jusqu'alors développé. Paradoxalement, *Das Marienleben* constitue à la fois l'un des

[1] Quinze lieder, c'est exactement autant qu'en comptent les *Magelone-Lieder* (Tieck) de Brahms ou *Das Buch der hängenden Gärten* (George) de Schönberg.

premiers accomplissements de la *Neue Sachlichkeit* et l'un des derniers grands cycles de lieder pour voix et piano[2]. Œuvre de transition par excellence, elle tire de cette position ambiguë une grande originalité stylistique, de ces contradictions un ton unique.

Singulière, l'œuvre l'est aussi par sa thématique. Si l'on trouve sans peine des lieder sur des poèmes d'inspiration religieuse tout au long de l'histoire du genre, le cycle narratif de Rilke demeure néanmoins sans précédent. A la différence des *Geistliche Lieder aus dem Spanischen Liederbuch* de Hugo Wolf, aussi bien que des *Weihnachtslieder* de Peter Cornelius, ou encore des *Vier ernste Gesänge* de Johannes Brahms, *Das Marienleben* se présente comme le récit d'une vie de la naissance à la mort, dont l'équivalent ne se trouve que dans le genre de l'oratorio, voire de l'opéra. Une *Passion* pour voix et piano, voilà qui, me semble-t-il, n'avait jamais été tenté jusqu'alors.

Cependant, et c'est là un nouveau paradoxe, la poésie de Rilke est elle-même «double». Si elle emprunte par moments le ton du récit attendu dans le genre religieux, elle s'abandonne aussi à des épanchements lyriques étonnamment subjectifs. Tantôt image de retable et tantôt portrait réaliste d'une femme de chair, elle renvoie autant aux récits testamentaires qu'au Chamisso de *Frauenliebe und –leben.* Comme l'a fait remarquer Richard Exner, *Das Marien-Leben n'est pas un morceau de littérature édificatrice. Il s'agit d'un poème très profane et très métaphysique. Cela exclut totalement une approche hagiographique.* [...] *Marie n'apparaît pas comme celle qui donne le jour à un Dieu, ou comme une figure mythique et chrétienne, mais comme une femme terrestre qui fait l'expérience de la douleur et de la joie*[3]. On s'en doute, cette ambiguïté de ton, cette alternance entre la troisième personne légendaire et

---

[2] Hindemith continuera assurément à cultiver cette formation tout au long de sa vie. Pour une étude des *Klavierlieder* des années 1930, cf. Ann-Katrin Heimer, *Paul Hindemiths Klavierlieder aus den dreissiger Jahren*. Schliengen, Argus, 1997.

[3] Rainer Maria Rilke, *Das Marien-Leben.* Vorgestellt von Richard Exner. Frankfurt, Insel, 1999, p. 7-8.

l'expression immédiate de la souffrance maternelle n'est pas restée sans effet sur la musique de Hindemith. Elle l'a peut-être même jusqu'à un certain point suscitée.
Double, *Das Marienleben* l'est enfin dans un sens très littéral, Hindemith ayant publié une seconde version entièrement révisée en 1948, vingt-cinq ans après la création de l'œuvre. Toute révision invite à la comparaison. Hindemith en a donné l'exemple dans une longue préface analytique apposée à la seconde version, invitant le lecteur à mesurer l'étendue des améliorations, la supériorité de l'écriture maîtrisée de la maturité sur les «expérimentations» du jeune homme de vingt-huit ans. Les commentateurs n'ont pas tardé à prendre la plume, mais non toujours pour lui emboîter le pas. Très tôt, les avocats de la première version ont fait entendre leur voix, défendant l'inspiration du compositeur d'autrefois contre la censure impitoyable du théoricien de *Unterweisung im Tonsatz,* l'intuition juvénile contre la construction appliquée[4]. Au-delà du jugement de valeur que l'on porte sur le travail de révision, ce dernier aura néanmoins eu le mérite de révéler par contraste la spécificité de la première version, ses audaces autant que ses contradictions. C'est dans ce sens, et non pour soumettre à un nouveau jugement une cause qui, après de si nombreux examens, devrait pouvoir être classée, que j'entends considérer les deux versions du cycle sous l'angle du rythme. Au préalable, rappelons brièvement en quoi a consisté cette révision qui nous servira de «révélateur».

Drang nach Ordnung[5]

Au départ, il y a encore un paradoxe. Contre toute attente, c'est en raison même du succès remporté par l'œuvre lors de sa création en 1923

[4] Dès 1948, l'année même de la publication de la seconde version, Rudolf Stephan rédigeait un long article très critique. Ce texte n'a été publié qu'en 1954, en traduction anglaise, dans *The Music Review* . On le trouvera en version allemande dans: *Zur musikalischen Analyse.* Hrsg. von G. Schuhmacher, Darmstadt, Wissenschaftliche Buchgesellschaft, 1974, p. 420-440.
[5] Paul Hindemith, *Das Marienleben*, *Préface,* Mainz [etc.], Ed. Schott, 1948, p. IV.

à Donaueschingen que Hindemith décide de la réviser. A la suite de *l'effet puissant que la toute première exécution avait produit sur les auditeurs*, le compositeur aurait pris conscience des *impératifs éthiques de la musique et des devoirs moraux du musicien*[6]. Au lieu de considérer l'accueil favorable du public comme un gage de réussite, Hindemith remet en question le travail accompli au nom d'un idéal nouveau dont il entrevoit les contours. Dès lors, les *améliorations* apportées au cycle de lieder seront la mesure du chemin parcouru en direction de cet idéal[7]. Que la figure de la vierge Marie, appelée pour ainsi dire à une seconde vie, ait été chargée de proclamer cet *idéal d'une musique aussi noble et pure que possible*, a peut-être valeur de symbole.

On voit ainsi que la révision se fonde sur des principes de composition dont la validité dépasse de loin l'œuvre remise sur le métier. Inséparable de la rédaction de *Unterweisung im Tonsatz*, la seconde version du cycle en est comme la face incarnée dans les sons, à la fois terrain d'essai précédant la formulation de la pensée théorique et lieu de sa mise en application ultérieure[8]. En d'autres termes, une partie importante des critères de révision sont investis d'un caractère normatif. Ils reposent sur des règles harmoniques (énoncées dans *Unterweisung*), rythmiques (dont la formulation théorique est demeurée fragmentaire[9]) et mélodiques (la *théorie du pas de seconde* ou *Sekundenschritt-Theorie*) de portée générale, du moins aux yeux de Hindemith. Ils reposent également, on le verra, sur un souci de réduire les difficultés de la partie vocale, d'en éliminer le caractère instrumental.

Il ne s'agit là cependant que de l'une des faces de l'entreprise. De surcroît, de nombreuses modifications apparaissent comme autant de

---

[6] *Ibid.*, p. III.

[7] *Ibid.*, p. IV.

[8] Cf. Giselher Schubert, *Werkfassung und Werkidee. Kompositorische Probleme im Œuvre Hindemiths*, dans *Die Musikforschung*, XLV/1 (1992), p. 31.

[9] Cf. Andres Briner, *Paul Hindemith*, Zürich/Freiburg i. Br., Atlantis/Schott, 1971, p. 177-180 ainsi que Joseph-Horst Lederer, *Zu Hindemiths Idee einer Rhythmen- und Formenlehre*, dans *Die Musikforschung*, XXIX (1976), p. 21-36.

réponses apportées à des problèmes spécifiques à *Das Marienleben*, ou du moins à des questions touchant à la cohérence d'une œuvre en plusieurs parties, ou encore aux relations texte/musique dans un cycle de lieder. En effet, la seconde version de *Das Marienleben* obéit également à un *rappel à l'ordre* qui vise à conférer au cycle le plus haut degré de cohérence.

Ces préoccupations concernant *l'architecture totale* (*die Gesamtarchitektur*) d'une œuvre aussi vaste que *Das Marienleben* paraissent aller de soi. Nous savons que cette problématique de la cohérence avait pris un sens nouveau durant le premier quart du vingtième siècle, dans les années où le système tonal avait perdu de sa validité. C'est précisément le recours aux genres vocaux permettant d'articuler un parcours musical le long d'un texte poétique qui s'était le plus souvent imposé comme la meilleure solution. Cette solution, Schönberg l'avait adoptée en 1908 en composant *Das Buch der hängenden Gärten* sur les poèmes de Stefan George. Rétrospectivement, la logique empruntée à la poésie n'était cependant plus suffisante aux yeux de Hindemith:

L'ancienne version était essentiellement une suite de chants tenus ensemble par le texte et la progression de l'action. A part cela, la composition ne suivait aucun plan d'ensemble. Aucun ordre impérieusement ressenti ne cherchait à condenser ce pot-pourri sans cohérence, à lui conférer une éloquence telle que l'auditeur puisse tirer du côté purement formel de la composition un plaisir esthétique supérieur[10].

L'autocritique est de toute évidence nettement exagérée. La première version du cycle ne tire certes pas sa cohérence d'un recours systématique à certains facteurs d'intégration harmoniques, diastématiques ou rythmiques, mais elle n'est pas pour autant un «pot-pourri». Simplement, cette vaste fresque *durchkomponiert*» ne suffit plus aux exigences du compositeur qui entend instaurer à sa place une forme conçue comme une totalité articulée en grands moments, une totalité pensée également

[10] Paul Hindemith, *Préface,* p. IV.

de bout en bout en termes d'intensité expressive et dynamique. La seconde version sera à la fois beaucoup plus intimement liée au texte et plus autonome. L'auditeur devrait y trouver son compte, c'est à dire *la plus haute satisfaction esthétique*, sur le plan strictement musical. Et comme la structure formelle est entièrement déterminée par le sens poétique, écouter la musique, ce sera déjà suivre le drame.

Bien que présenté relativement au début de la *Préface,* ce travail sur *l'aspect purement formel de la musique* n'est intervenu en réalité qu'à la fin du processus de révision, lequel s'est produit en étapes bien distinctes entre 1936 et 1947[11]. Rappelons-en rapidement le déroulement. Limitées dans un premier temps (juillet 1936) à des retouches ponctuelles portant sur six lieder, les modifications deviennent plus radicales et s'étendent à la quasi-totalité du cycle l'année suivante, avant d'être interrompues par une crise. Ce n'est qu'en mars 1941 que Hindemith reprend son projet et l'amène à un premier terme en révisant les lieder restants (à l'exception du douzième, *Stillung Mariä mit dem Auferstandenen*, qui restera sans retouche). *Hindemith semble alors avoir relu tout son travail de révision; il en note sur une esquisse quelques aspects caractéristiques.*[...]. *Il note la date de révision, le nombre de mesures de chaque version, des indications concernant la forme et la facture des lieder* – Passacaglia, Ostinato, Fugue, Basso ostinato, Variations – *les centres tonals ainsi que d'éventuels éléments de citation entre les lieder. C'est en rédigeant cette liste que Hindemith semble avoir soudain vu qu'il était possible de réviser l'œuvre de façon plus profonde, plus étendue et selon des motivations répondant à un plan d'ensemble; car dans cette liste, il relie les événements harmoniques aux protagonistes et aux différents affects évoqués dans la poésie de Rilke*[12]. Etroitement reliés à la poésie de Rilke dans la perspective d'une *symbolique totale* (G. Schubert), tous les éléments de la composition sont alors convoqués pour

---

[11] Cf. Schubert, *Werkfassung und Werkidee*, p. 35.

[12] *Ibid.*

atteindre à la cohérence de l'ensemble: relations harmoniques, rappels motiviques ou de textures, et enfin mètres.

L'idée de conférer à certaines régions tonales une signification symbolique est ancienne; elle a notamment trouvé à s'exprimer chez Schubert et Schumann, lequel pratiquait également l'intégration motivique aussi bien dans ses cycles de lieder que dans d'autres genres musicaux. En revanche, l'idée de singulariser les moments d'un cycle par des mètres de référence est semble-t-il originale. C'est par celle-ci que Hindemith engage le chapitre de sa *Préface* consacré au problème de la *Gesamtarchitektur*.

Ein Blick auf die Gesamtarchitektur[13]

Cet ordre métrico-rythmique dont il ressent impérieusement la nécessité, Hindemith pour qui le rythme englobait *tout ce qui se joue dans la dimension du temps*[14] commence par l'imposer à la poésie de Rilke. Celle ci s'articule, on l'a dit, en quinze poèmes, ce qui représente déjà une espèce de rythme, une alternance de textes caractérisés par leur versification et la composition de leurs strophes. Cela ne suffit pas. Il faut que ce rythme prenne place dans une organisation complexe, qu'il soit intégré dans des unités plus vastes constituées par des groupes de poèmes. Il faut que le rythme *additif* des unités poétiques cède la place au rythme *composé* des ensembles de poèmes. Les poèmes seront donc regroupés en quatre moments caractérisés par leur contenu poétique.

Remarquons combien cette pratique est peu courante dans le domaine du lied. Elle renvoie à nouveau à des genres tels que l'opéra, où les scènes forment des actes distincts, ou encore à l'oratorio, divisé semblablement en parties. Il est vrai, en l'occurrence, qu'en regroupant les trois derniers poèmes inspirés par la mort de Marie (*Vom Tod Mariä* I, I, et III), Rilke amorçait le mouvement que Hindemith étend au cycle tout entier:

---

[13] Paul Hindemith, *Préface*, p. IV.

[14] Paul Hindemith, *Probleme eines heutigen Komponisten* (1948), dans *Aufsätze, Vorträge, Reden*. Ed. par G. Schubert. Zürich, Atlantis, 1994, p. 204.

Le premier groupe s'achève avec La Visitation. *Il réunit tous les lieder qui évoquent le destin de Marie sur un ton lyrique (nos 1, 3, 4) ou épique (no 2). Le second groupe contient des chants plus dramatiques, du* Soupçon de Joseph *aux* Noces de Cana, *seul la* Naissance du Christ *rappelant, en partie du moins, l'idylle du premier groupe. Une grande quantité d'hommes, d'actions, de paysages et de circonstances y sont évoqués, et ce n'est que dans le dernier de ces lieder que la protagoniste reparaît de façon active. Dans le troisième groupe, nous assistons aux souffrances de Marie. Dans ce groupe, on s'est efforcé d'atteindre à l'intensité expressive la plus grande, d'élever l'âme des auditeurs aux sommets du sublime. Dans le quatrième et dernier groupe, nous atteignons le point où dans la plus grande abstraction ne parlent que les idées et les formes purement musicales: c'est un épilogue dans lequel les hommes et leurs actions ne jouent plus aucun rôle*[15].

Ce rassemblement des poèmes n'était en vérité pas absent dans la version de 1922-23. La mise en page de l'index l'indique bien, Hindemith avait déjà prévu une subdivision, également en quatre parties. A la différence cependant que c'est par *Aux noces de Cana* que s'ouvrait le troisième groupe[16]. Tout aussi légitime en termes que l'on pourrait qualifier de dramaturgiques, cette subdivision établissait trois groupes de quatre poèmes centrés successivement sur Marie (de la naissance à la Visitation), sur la Sainte famille (présence implicite ou explicite de Joseph), et sur les dialogues de Marie et du Christ de la Passion, suivis d'un dernier groupe formés des trois poèmes sur la mort de Marie. Le regroupement de la seconde version procède manifestement d'une volonté de former un triptyque de caractère «sublime» autour de *Pietà* en rassemblant les poèmes plus dramatiques dans le groupe précédent.

[15] Paul Hindemith, *Préface*, p. 5.

[16] On remarquera cependant qu'en ajoutant dans la seconde version un vaste prélude pianistique à ce lied, Hindemith lui confère un poids de caractère introductif apparemment en contradiction avec le nouveau plan d'ensemble.

Cette succession des tons poétiques et des caractères musicaux qui confèrent à chacun des groupes sa couleur fondamentale – lyrique et épique, dramatique, sublime, abstraite – est donc confiée à l'organisation des structures métrico-rythmiques, chargée de la manifester sur le plan musical:

Le premier groupe emploie, en accord avec son caractère le plus souvent pastoral, un mètre fondamentalement ternaire, soit sous sa forme simple (3/4), soit sous la forme du 6/8 traité comme partie constituante d'ordres métriques supérieurs (6/8, 9/8, 12/8). Dans [le second[17]] groupe, ce sont les mètres de base binaire qui dominent. Dans le troisième, le mètre perd presque complètement sa signification, du moins dans les deux premiers lieder. Et dans le dernier groupe, la liberté la plus complète règne, dans le sens que tous les mètres binaires et ternaires employés jusqu'à ce point se succèdent de la façon la plus libre.[18]

Hindemith établit une architecture d'ensemble que l'on peut résumer selon le tableau suivant:

Destin personnel de Marie/ton lyrique (1, 3, 4) et épique (2)/ mètre ternaire de caractère pastoral:

1 Geburt Mariä (Naissance de Marie)
2 Die Darstellung Mariä im Tempel (La Présentation de Marie au temple)
3 Mariä Verkündigung (Annonciation)
4 Mariä Heimsuchung (Visitation)

---

[17] Hindemith écrit dans *ce* groupe (*in dieser Gruppe*). Il s'agit manifestement d'une erreur.
[18] Paul Hindemith, *Préface*, p. V.

Grande quantité d'hommes, d'actions, de paysages et de circonstances/ton dramatique (5, 6, 8, 9) et idyllique (7)/mètre binaire:

5 Argwohn Josephs (Soupçon de Joseph)
6 Verkündigung über den Hirten (Annonce aux bergers)
7 Geburt Christi (Naissance du Christ)
8 Rast auf der Flucht in Ägypten (Repos durant la fuite en Egypte)
9 Von der Hochzeit zu Kana (Aux noces de Cana)

Souffrance de Marie/ton sublime/le mètre n'a plus de signification (10, 11):

10 Vor der Passion (Avant la Passion)
11 Pietà (Pietà)
12 Stillung Mariä mit dem Auferstandenen (Consolation de Marie auprès du Ressuscité)

Epilogue composé d'idées et de formes musicales pures/abstraction/ alternance libre de mètres ternaires et binaires:

13 Vom Tod Mariä I (Sur la mort de Marie I)
14 Vom Tod Mariä II (Sur la mort de Marie II)
15 Vom Tod Mariä III (Sur la mort de Marie III)

Insistons sur l'originalité du projet de Hindemith, apparemment sans précédent dans l'histoire de la musique, et qui ne semble pas avoir été inspiré par la structure poétique des textes de Rilke. Il s'agit de traduire dans l'écriture rythmique les stations de la vie de Marie. Investi d'une dimension symbolique, le mètre se transforme à l'image de l'histoire religieuse. Au départ, au temps de l'idylle, il y aurait le rythme ternaire de l'ancien *tempus perfectum.* Puis le drame viendrait briser cette circularité pastorale en introduisant les mètres binaires. Pour atteindre au sublime, cependant, c'est l'absence des barres de mesure, ou du moins de leur caractère qualitatif qui serait requis. Enfin, l'épilogue serait l'occasion d'une forme de synthèse.

Cette gradation symbolique du discours rythmique est-elle un caractère véritablement spécifique de la seconde version? Un coup d'œil à la partition de 1923 permet d'en douter, ou du moins de relativiser l'ampleur du travail de révision accompli dans ce sens. En effet, on y retrouve dans les grandes lignes la succession des mètres ternaires, binaires et libres. Dans les grandes lignes seulement, car il y a certes des exceptions. Mais la seconde version n'en est pas exempte. En vérité, la lecture de l'argument poétique en termes de dissonance rythmique n'a été possible qu'au prix de nombreux assouplissements. Et les exceptions que le compositeur se voit obligé d'introduire, plus nombreuses que ne laisse supposer le texte de la Préface[19], trahissent la résistance des poèmes à se voir forcés dans le lit de Procuste des tons poétiques et des mètres correspondants.

On peut s'étonner de l'importance conférée à la barre de mesure dans l'organisation formelle du cycle. En effet, l'un des buts auxquels devait tendre la musique occidentale selon Hindemith était de se délivrer de *l'esclavage des structures métriques* (*die Sklaverei metrischer Strukturen*[20]) dans lequel elle avait été tenue depuis la Renaissance. Cette dévalorisation du mètre, développée principalement au contact de musiques médiévales et extra-européennes lors de son séjour aux USA[21], Hindemith l'a exposée à de nombreuses reprises. On se contentera de citer un passage significatif d'une conférence prononcée à Vienne le 28 octobre 1948, l'année même de la publication de la seconde version de *Das Marienleben*:

Du point de vue historique, le développement va des formes non articulées aux formes articulées, régulières. Il en était ainsi déjà dans la musique

---

[19] A titre d'exemple, mentionnons que le retour au ternaire pastoral dans le second groupe ne se limite pas au septième lied. Il se retrouve également dans le huitième lied, dans lequel Hindemith met par ailleurs en œuvre l'alternance des mètres binaires et ternaires.

[20] Paul Hindemith, *Hören und Verstehen unbekannter Musik*, dans *Aufsätze, Vorträge, Reden*, p. 296.

[21] Cf. Andres Briner, *Paul Hindemith*, p. 179.

grecque puis plus tard dans le chant grégorien (en fait des lignes se déployant librement, lesquelles ont été par la suite soumises à la métrique dans les hymnes, les séquences, etc.). Au cours du temps, la métrique – le rassemblement en mesures de la musique – a gagné constamment en signification jusqu'à ce que nous en devenions littéralement les esclaves. On peut arguer que ce n'est que par le mètre que l'harmonie et la mélodie peuvent être réunies; le mètre joue tout de même aujourd'hui un rôle qu'il ne mérite pas[22].

Convaincu que *l'humanité allait se lasser du mètre*, Hindemith rêvait de *rétablir la suprématie du rythme*[23] sans savoir comment résoudre le problème de l'interdépendance entre ces éléments de la composition. Pour lui, c'était là encore une vision d'avenir, un terrain à défricher pour les générations futures. On rappellera néanmoins combien cette préoccupation était partagée, bien avant l'époque où il la formulait, par tous les compositeurs qui étaient disposés à tirer les conséquences ultimes de l'abandon du système tonal fonctionnel. La liberté métrique que revendiquent la phrase initiale du *Prélude à l'après-midi d'un faune* ou celle du *Sacre du printemps* n'en constituent que les exemples les plus célèbres. S'inspirant du modèle folklorique, Bartók recourait aussi bien à la souplesse du *tempo rubato* calqué sur la déclamation libre que sur les rythmes asymétriques. De même, la rythmique additive de Stravinsky ne tolérait la barre de mesure que pour des raisons pratiques. Du côté de l'Ecole de Vienne, enfin, l'instauration d'une «prose rythmique» avait eu semblablement pour conséquence une dévalorisation de la barre de mesure, comme l'expliquait Alban Berg à Erwin Schulhoff dans une lettre du 24 février 1921:

La barre de mesure n'a depuis longtemps plus pour fonction de tenir en ses rets la mélodie et le phrasé. Considérez donc sous cet aspect mes anciennes Pièces pour clarinette, ou encore les œuvres récentes de Schön-

[22] Paul Hindemith, *Probleme eines heutigen Komponisten*, dans *Aufsätze, Vorträge, Reden*, p. 204.

[23] *Ibid.*

berg: on pourrait sans autre y laisser tomber les barres de mesures. Skott[24] [sic!] *(de même que Stravinsky) simplifia la question en accordant la barre de mesure aux irrégularités du phrasé: il écrit des mesures à 7/4, 3/8, 2/4, 11/12, etc. Schönberg écrit dans ses op. 17, 18, 20, 21 et 22 d'interminables mesures à l'intérieur (et par delà) desquelles les rythmes se déroulent librement et sans le moindre asservissement à une quelconque régularité. Il a en effet appelé sa musique, il y a de nombreuses années déjà, de la «prose».* [...] *Finalement, la barre de mesure n'a plus rien à voir avec la forme ou l'architecture, mais représente une facilité dont on ne saurait se passer pour la musique exécutée par plus d'un interprète*[25].

Cet idéal d'une musique libérée de toute contrainte métrique était, on le voit, largement partagé. Il reste qu'il n'allait pas sans poser quelques problèmes de différenciation sitôt que les œuvres s'articulaient en plusieurs mouvements[26]. En l'occurrence, dans le cas de *Das Marienleben*, il est évident que le recours aux anciens mètres constituait un précieux facteur de différenciation. Hindemith s'en était servi en 1923, et il n'était pas du tout disposé à s'en passer lors de la révision de l'œuvre.

Il est temps de le rappeler, la première version de *Das Marienleben* date d'une époque où Hindemith était activement engagé dans la redécouverte et l'exécution des musiques de l'époque baroque et de la Renaissance[27]. Le cycle de mélodies porte de toute évidence la trace de ce travail sur des œuvres asservies à ce que le compositeur appellera quinze ans plus tard

---

[24] Il s'agit du compositeur anglais Cyril Scott.

[25] *Der Briefwechsel zwischen Erwin Schulhoff und Alban Berg*, édité par Katrin Bösch et Ivan Vojtech, *Annales Suisses de Musicologie,* vol. 13/14 (1993-94), p. 69.

[26] C'est ainsi que dans son *Kammerkonzert* (achevé en 1925), Berg expose successivement dans les deux premiers mouvements des mètres ternaires et binaires avant de les combiner dans le troisième mouvement, procédant de façon comparable à ce que fera Hindemith. Voir à ce propos la *Lettre ouverte à Schoenberg à l'occasion de la dédicace du* Concerto de chambre, dans Alban Berg, *Ecrits,* Paris, Bourgois, 1985.

[27] Cf. Giselher Schubert, *Hindemith und der Neobarock*, *Annales Hindemith* 1983/XII, p. 20-40.

«l'esclavage des structures métriques». Mais il présente aussi des exemples de la liberté métrique que revendiquera Hindemith par la suite. Cette pluralité stylistique, qui est constitutive de l'œuvre, le compositeur l'a maintenue jusqu'à un certain point en révisant le cycle. Il a cependant cherché à la mettre au service de son «architecture globale». A cette fin, il s'est efforcé d'éliminer les passages jugés trop complexe des lieder caractérisés par une métrique régulière.

Zuviel Selbständigkeit[28]

L'exclusion des aspects les plus subtils de l'écriture rythmique au nom de l'unité des groupes se rencontre dès la première page du cycle. La *Naissance de Marie* se présente chez Rilke comme un poème en trois strophes de quatre vers aux rimes embrassées. Très proches en ce qui concerne les deux dernières strophes, les versions de Hindemith diffèrent cependant dans un passage important de la première:

O was muß es die Engel gekostet haben,
Nicht aufzusingen plötzlich, wie man aufweint,
da sie doch wußten: in dieser Nacht wird dem Knaben
die Mutter geboren, dem Einen, der bald erscheint.

[O comme il dut en coûter aux anges
de n'éclater soudain en chants, comme on éclate en sanglots,
alors qu'ils savaient: en cette nuit va naître
la mère de l'enfant, de celui qui bientôt apparaîtra.]

Les deux versions commencent semblablement par un balancement régulier dans une mesure pastorale à 3/4 à peine troublée par quelques mesures binaires. Dans un rythme harmonique lent de berceuse, octaves et quintes parallèles évoquent l'ancien faux-bourdon. Dans la première

---

[28] Paul Hindemith, *Préface,* p. V.

version, le compositeur différencie cependant les paroles porteuses de la nouvelle gardée secrète, abandonnant l'écriture archaïque au profit d'un subtil carillon polyrythmique (m. 21-29):

Exemple musical no 1: «Geburt Mariä», m. 21-39, 1ère version

La partie de piano présente une espèce de modulation métrique qui préfigure certains procédés que pratiquera Elliott Carter. Il vaut la peine d'examiner en détail l'extraordinaire richesse rythmique de ce passage. Utilisant la périodicité diastématique d'un ostinato, Hindemith module en deux étapes la structure métrique. Aux mesures 21 à 26, la pulsation initiale (la noire) est subdivisée de façon ternaire (triolets de croches) et regroupée de façon binaire à 2/2. L'effet produit est celui d'un tempo plus rapide, le rythme harmonique progressant à la blanche et non plus à la blanche pointée. Cet effet de trois pour deux, Hindemith l'introduit dans un second temps au niveau des triolets de croches, regroupés de façon binaire par l'entrée d'un nouvel ostinato (m. 27 à 32). A l'audition, on a l'impression que la pulsation est donnée par l'unité formée de deux croches de triolets. Simultanément, à plus grande échelle, la métrique binaire s'écroule. En effet, les accords de la main gauche s'immobilisent sur des rondes pointées, tandis que les triolets de la main droite dessinent un nouvel ostinato qui ne se répartit plus sur l'espace de quatre mais de cinq noires.

On le voit, la texture de l'accompagnement se stratifie en périodicités contradictoires, formant ce que l'on pourrait appeler une dissonance rythmique[29]. Celle-ci n'est résolue que dans un troisième moment (m. 33-39) où l'on retrouve tout d'abord l'écriture à 2/2, puis la subdivision binaire de la noire.

Les choses se compliquent aussitôt que l'on prend en considération la partie vocale. En effet, Hindemith introduit des ambiguïtés en décalant les accents prosodiques par rapport au mètre de référence. Par exemple, les premières syllabes accentuées de *Knaben* et de *Mutter* sont disposées en syncopes, ce qui donne l'illusion d'un mètre binaire, lequel ne correspond cependant pas à celui de l'accompagnement[30]. Dans l'ensemble, l'absence de dénominateur commun entre les structures périodiques fait l'effet d'un éclatement de la temporalité en niveaux contradictoires, la mélodie planant à un tempo nettement plus lent que l'accompagnement.

Rétrospectivement, Hindemith jugeait que cet épisode avait acquis *une trop grande autonomie* (*zuviel Selbstständigkeit*), *ce qui conférait une importance trop grande à un passage qui servait de pont entre deux éléments de la construction plus significatifs*[31]. Le compositeur évoque

[29] Le recours aux ostinatos diastématiques pour générer des périodicités conflictuelles est très répandu dès la seconde décennie du vingtième siècle. Hindemith aura pu en trouver le modèle aussi bien chez Stravinsky que chez les représentants de l'Ecole de Vienne, dans les partitions d'Alban Berg en particulier. Cf. Georges Starobinski, *L'ostinato dans l'œuvre d'Alban Berg*, Bern [etc.], Peter Lang, 2000, p. 187-230.

[30] Ce décalage est d'autant plus irritant que l'accompagnement pourrait parfaitement harmoniser la mélodie. Les fonctions harmoniques sont bien présentes, mais pas au bon endroit. Fréquente dans les partitions néoclassiques, cette distorsion se retrouvera notamment une année plus tard dans la *Sonate* pour piano de Stravinsky.

[31] Paul Hindemith, *Préface*, p. V.

certes la *rudesse harmonique* de ces mesures, mais à considérer la seconde version, on peut bien imaginer que la dimension rythmique menaçait tout autant l'unité de ton du lied, l'équilibre d'une forme strophique librement variée qui s'orienterait sur la structure du poème de Rilke. Hindemith recompose donc ces mesures conformément au caractère pastoral du poème, c'est à dire en poursuivant le mètre à 3/4. Les triolets sont conservés sans pour autant mettre en péril une carrure régulière où les mesures se succèdent le plus souvent par deux. De la tension entre mètres ternaire et binaire, il ne reste qu'un pâle souvenir dans le rythme harmonique (4 plus 2 noires). De plus, la partie vocale est en phase avec l'accompagnement et suit une marche harmonique assez prévisible. Le carillon subtil de la première version a été remplacé par de gracieuses arabesques qui semblent tisser sagement une couronne d'enluminure au-dessus de l'enfant à naître:

Exemple musical no 2: «Geburt Mariä», m. 17-40, 2ème version

L'unité de ton au nom de laquelle cette modification a été opérée ne semble pas avoir été un critère appliqué de la façon la plus rigoureuse. Une comparaison entre les deux versions de «Annonciation» est à cet égard révélatrice. La partition de 1923 où des passages chantés sur un ton narratif (*erzählend*) encadrent un véritable récitatif *poco parlando* (*Wie ein Recitativ, jedoch ganz im Takt*) puise son unité dans la présence d'un motif expressif exposé dès le bref prélude initial. Il faut ici relever l'extraordinaire souplesse de l'écriture rythmique, en particulier à la première page, qui compense comme dans l'ostinato polyphonique du premier lied le statisme harmonique résultant de la réitération d'un même motif. A la relecture, ce lied a paru totalement inacceptable à Hindemith qui l'a entièrement recomposé. A en croire la *Préface*, le compositeur lui reprochait son caractère agité aussi bien sur le plan harmonique que motivique. Brisant délibérément l'unité de ton d'origine, la forme ternaire de la nouvelle version s'articule selon une logique du contraste, par l'opposition dramatique de mètres à 6/8 et à 3/2. Selon Hindemith, le rythme dactylique que l'on entend tout au long de la partie centrale binaire représente les battements inquiets du cœur de la Vierge *à l'instant psychologiquement important de compréhension mutuelle* où son regard croise celui de l'ange.

Le moment psychologiquement important de compréhension mutuelle où le don de soi céleste et terrestre trouve à s'exprimer dans le texte dans les vers situés entre «non qu'il entrât» et «et tous deux tressaillirent», ce moment avait été dans la première version l'occasion de résolutions harmoniques retardées procédant d'une jouissance créatrice débridée qui touchait à l'excitation hystérique. Afin de rendre justice à l'importance spirituelle, poétique et formelle de cet instant, il fallait lui consacrer une section formelle indépendante qui par l'impulsion métrique jaillissante qui s'y manifeste suscite chez l'auditeur un semblable battement cardiaque. [32]

On le voit, Hindemith ne redoute pas ici de conférer une trop grande autonomie à la partie centrale du lied. Au contraire, il est prêt à la présenter comme une section indépendante (*ein in sich geschlossenes Formstück*) caractérisée par un mètre différent. Considérablement plus simple du point de vue métrico-rythmique, cette nouvelle version tend à polariser radicalement les événements – mélodie de caractère pastoral[33] et battement cardiaque - de façon à manifester par un contraste immédiatement perceptible le déroulement psychologique du poème; en un certain sens, elle reporte au niveau structurel le plus élevé la tension rythmique entre éléments binaires et ternaires dont faisait état la partition de 1923.

De manière général, le travail de révision tend à ajuster texte et structures musicales. On a vu combien, dans la version initiale du premier lied, Hindemith cherchait délibérément à produire une certaine tension rythmique en opposant des périodicités déphasées. Dans le même ordre

---

[32] *Ibid.*, p. VI.

[33] Cette mélodie sera reprise de façon leitmotivique dans *Annonce aux berger*.

d'idée, on observe dans l'ensemble de la partition de 1923 une tendance à éviter de synchroniser les articulations syntaxiques des poèmes et celles de l'accompagnement. Cela est particulièrement apparent dans les lieder fondés sur un *basso ostinato* qui progresse selon une périodicité régulière, notamment dans la passacaille sur laquelle s'échafaude *La Présentation de Marie au Temple*. Comme le fait remarquer Hindemith dans sa *Préface*, l'ancienne forme de la passacaille apparaît comme le répondant musical de la marche tranquille de l'enfant dans *une architecture perçue comme une unité malgré sa diversité*[34]. A l'image de la poésie de Rilke qui multiplie les enjambements (les huit premiers vers ne formant qu'une seule phrase), Hindemith introduit dans la version initiale d'innombrables «tuilages» entre la voix et le *basso ostinato*. L'impression produite s'apparente aux voûtes immenses qui se croisent au sommet du temple. Dans la seconde version, cependant, Hindemith veille à aligner les unités syntaxiques de la forme musicale sur celles du poème. L'architecture se dévoile certes avec une clarté plus grande, et le chant peut se déployer en accord avec un accompagnement qui n'oppose aucune résistance. L'on y gagne en synchronisation verticale ce que l'on perd en liberté contrapuntique. Cet aspect qui touche à la fois à l'harmonie et au rythme tenait très à cœur au compositeur.

Die Wichtigkeit der Singstimme[35]

Hindemith reprochait en effet à l'ancienne version sa conception contrapuntique. Victime d'une époque où l'on croyait vivre *l'aube d'un nouvel âge contrapuntique où l'on croyait ne devoir inventer que des lignes mélodiques cohérentes en elles-mêmes*, le compositeur n'aurait pas suffisamment pris garde aux *rudesses et aux tournures malaisées, aucunement légitimées par le texte ou par le style général de l'œuvre*[36]

[34] Paul Hindemith, *Préface*, p. V.
[35] *Ibid.*, p. IV.
[36] *Ibid.*

qui résultaient des rencontres entre la ligne vocale et le piano. Afin d'y remédier, c'est à dire de souligner l'importance de la partie vocale, Hindemith a composé la nouvelle version autour d'un échafaudage conçu comme une composition à deux voix – la partie vocale et la ligne la plus grave du piano. Bien évidemment, l'enjeu est ici harmonique. Mais les implications rythmiques sont également évidentes, dans la mesure où la mise au pas des libertés contrapuntiques de la partie vocale sous-entend également une élimination des tuilages que nous avons observés dans la première version.

Que cette affirmation de la primauté du chant s'accompagne à l'occasion de changements de texture très profonds apparaît très clairement dans la partie centrale du treizième lied, *Sur la mort de Marie* par lequel débute le dernier groupe du cycle. De forme ternaire, le lied fait appel à des modes d'écriture d'inspiration baroque: un *basso ostinato* de facture rythmique régulière (exprimant *la grandeur de la mort*[37]) encadre une section centrale de style récitatif. Dans la première version, le récitatif est accompagné par un nouvel ostinato, situé à la voix la plus aiguë du piano, qui est «réinterprété» par de nouvelles harmonies à chaque réitération. Il est certain que cela confère un poids inhabituel à l'accompagnement dans une section qui devrait mettre en valeur la partie vocale et le texte qu'elle récite. Ce n'est pas tout. De surcroît, l'ostinato dessine avec ses deux parties du type antécédent-conséquent une périodicité régulière à 9/8 qui entre en conflit avec les accents prosodiques du poème. On retrouve ici une situation de *dissonance rythmique* comparable à celle que nous avons observée dans *Naissance de Marie*:

[37] *Ibid.*, p. VII. Comme l'indique Hindemith dans sa *Préface*, l'ostinato aussi bien que le récitatif sont investis d'une fonction quasi-leitmotivique dans la mesure où ils mettent ce lied en relation avec L'*Annonciation* ainsi qu'avec *Repos durant la fuite en Egypte*.

24
ritenuto
Noch langsamer (♪= 104 - 112)
sehr ruhig
Haus am Hang, das Haus des A - bend-mahls. Sie ka-men schwe-rer
28
und tra - ten ban-ge ein: Da lag, ent - lang die schma-le
l.H.
31
Bett - statt, die in Un - ter-gang und Aus-er-wäh - - - - - lung rät-sel - haft Ge-

34
ruhig
p
tauch - te, ganz un - - - - - ver-sehrt, wie ei - ne Un - ge - brauch - - - - - - -
37
pp
- - te, und ach - te - te auf eng - li-schen Ge - sang.
pp
p
40
Nun da sie al - le hin - ter ih - ren Ker - zen ab - war - ten sah
ppp
pp

43
p
riß sie vom Ü-ber-maß der Stim - men sich und schenk - - - te noch von
mp
46
f
3
mf
Her-zen die bei-den Klei - - der fort, die sie be-saß, und hob ihr Ant-litz auf
poco f
mf
49
p
zu dem und dem... (O Ur - sprung na - men-lo-ser Trä - - - -
mp
pp

Exemple no 3: «Vom Tod Mariä I», 1ère version, m. 24-58

Ce traitement contrapuntique de la voix, paradoxal dans un récitatif, ne soutient évidemment pas l'autocritique de Hindemith qui recompose toute cette section dans un style traditionnel, c'est à dire en subordonnant totalement l'accompagnement à la voix. Le piano n'intervient plus que pour ponctuer les articulations syntaxiques du texte de Rilke:

Noch langsamer
Sie ka-men schwerer und tra-ten ban-ge ein: Da lag, entlang die schma-le Bett-statt, die in Un-ter-gang und Aus-er-wäh-lung rät-
-sel-haft Ge-tauch-te, ganz un-ver-sehrt, wie ei-ne Un-ge-brauch-te,
Sehr merklich vorangehen
und ach-te-te auf eng-li-schen Ge-sang. Nun da sie al-le hin-ter ih-ren

Exemple no 4: «Vom Tod Mariä I», 2ème version, m. 26-55

On ne saurait nier que dans la première version, Hindemith traite la voix comme un matériau sonore, de manière quasi instrumentale. Rétrospectivement, cet aspect apparaissait aux yeux du compositeur comme l'une des *faiblesses les plus évidentes de l'ancienne version*[38] . Souvenons-nous que la décision de réviser l'œuvre avait été prise à la suite d'une prise de conscience éthique. En ce sens, le premier devoir moral du compositeur n'est-il pas de respecter les limites «naturelles» des exécutants? *Nos oreilles se sont habituées au cours du temps à bien des choses, mais nos cordes vocales ne se laisseront pas plus traiter contre nature qu'un trombone comme une flûte*[39] . On peut sourire de cet excès de précautions. Il est vrai que de Webern à Boulez et de Berio à Ligeti, l'écriture vocale a emprunté des chemins autrement plus ardus, laissant loin derrière eux les fondements «naturels» dont se préoccupait Hindemith. Rappelons que c'est précisément la difficulté de la musique atonale vocale qui faisait souvent l'objet de critiques. Qui ne la comprenait pas reprochait à la musique contemporaine de l'entre-deux guerres d'avoir perdu le sens de la mélodie, et partant le contact avec la voix humaine, autant dire avec l'humain.

Il reste qu'au-delà des règles qu'elle a ou non enfreintes (la *théorie du pas de seconde*), l'écriture vocale du Hindemith de 1923 présente des maladresses incontestables au niveau de la tessiture, souvent trop grave pour une voix de soprano à laquelle elle ne donne guère l'occasion de s'épanouir dans son registre le plus favorable. A cela s'ajoute l'absence de pauses propices à la respiration. C'est notamment la cas, dans l'exemple ci-dessus, aux mesures 29 à 37 qui prennent dans le passage correspondant de la seconde version une forme infiniment plus aérée. C'est manifestement en pensant à ce genre de passages qu'un Dieter Rexroth a pu dire que *l'on pourrait envisager* [la première version de] Das Marienleben *comme un cycle de pièces pour alto («Bratsche») et*

[38] *Ibid.*, p. III.
[39] *Ibid.*, p. IV.

piano, en ajoutant que *cet aspect a pu compter au nombre des raisons décisives qui ont incité Hindemith à projeter une nouvelle version à partir de 1936.*[40]
En de nombreux endroits, Hindemith semble en 1923 avoir délibérément évité de mettre en musique le texte de manière «réaliste», en suivant l'inflexion naturelle d'un discours. Ceci est particulièrement frappant dans les passages de la poésie qui recourent au discours direct. Parmi mille exemples, on mentionnera dans *Vom Tod Mariä I* les paroles de l'ange (m. 9-12) – [...] *und sprach: Jetzt wird es Zeit, dass du erscheinst* - à peine séparées aussi bien de ce qui précède que de la réaction de Marie – *und sie erschrak* - laquelle emprunte de surcroît le même profil mélodique.
Aussi irritante soit elle, cette indifférence au sens du texte n'en a pas moins constitué un élément du style de Hindemith, et même de tout un courant des années 1920. Comme l'a rappelé Siegfried Schibli, la *Neue Sachlichkeit* cultivait *la tension entre une attitude sobre et un sens émotionnel, elle jouait avec la contradiction entre parole et musique; mais ce jeu ne restait pas un jeu: il devenait expression. Hindemith était depuis* Marienleben *coutumier de cette expression brisée* [*aus der Gebrochenheit*], *de cet équilibre entre froideur et affectivité.*[41] On a pu considérer que cette forme de relation entre texte et musique ne relevait plus du tout de l'esthétique du lied[42]. Il est certain que le souci de Hindemith aura été également d'éliminer cette contradiction, d'établir une relation harmonieuse entre paroles et musique conforme à la tradition romantique

---

[40] Cf. A. Briner, D. Rexroth, G. Schubert, *Paul Hindemith. Leben und Werk in Bild und Text,* Atlantis Musikbuch-Verlag, Zürich/B. Schott's Söhne, Mainz, 1988, p. 78.

[41] S. Schibli, *Zum Begriff der Neuen Sachlichkeit in der Musik*, *Annales Hindemith* 1980/IX, p. 171.

[42] Cf. Albrecht Dümling, *Die fremden Klänge der hängenden Gärten*, München, Kindler, 1981, p. 246. En donnant pour sous-titre *Kleine Kantate nach romantischen Texten* à ses *Serenaden* op. 35 pour soprano, hautbois, alto et violoncelle, Hindemith participe à cet assouplissement des frontières entre des genres musicaux en voie de redéfinition.

du genre. La «romantisation» du cycle, très apparente dans les versions pour orchestre que le compositeur a réalisées pour certains lieder, a assurément privé l'œuvre d'une partie de son originalité, de son caractère «double»[43].

Le travail de révision de Hindemith procède, on l'a vu, d'une volonté d'ordre et de cohérence. En dernière instance, l'enjeu de son entreprise fut l'instauration d'une norme rationnelle qui fasse office de référence, à l'aune de laquelle se puissent mesurer les écarts comme des dissonances. On rejoint par là les préoccupations du compositeur dans le domaine de l'harmonie. L'examen de quelques exemples l'aura montré, le prix à payer pour réaliser cette restauration, fut le sacrifice de la richesse du détail au nom de la cohérence du tout. Ce prix fut souvent trop élevé. La complexité, toute relative, de la version de 1923 apporte un contrepoids bienvenu au ton archaïque de l'œuvre, marquée dès les premières mesures par des tournures modales et pentatoniques qui évoquent le passé lointain de l'histoire religieuse. En simplifiant à outrance, Hindemith mit en péril l'équilibre entre archaïsme et modernité par lequel se sont définis tant de chefs-d'œuvre du vingtième siècle.

---

[43] Le retour à une forme de réalisme illustratif se manifeste notamment dans la version entièrement recomposée de l'*Annonciation*, au terme de laquelle le piano fait entendre ce que Hindemith considère comme une *véritable* mélodie de l'ange.

Norbert Abels

Gold, Hybris und Formkälte

Anmerkungen zu *Cardillac**

Was nicht festgehalten wird,
ist nichts. Was festgehalten wird, ist tot.
Paul Valery

I

The seasons alter, heißt es in Shakespeares *Midsummer Night's Dream.* Die Zeiten wanken vor allem, wenn die Epochen sich vermischen bei ihren unablässigen Versuchen, identischen Fragen immer wieder neue Antworten geben zu müssen, fabulös das Vorgegebene neu zu gestalten. Gottfried Keller verwies auf die im Menschenleben verankerte Tiefe jener Vorgaben: *Die Zahl solcher Fabeln ist mäßig; aber stets treten sie in neuem Gewande wieder in die Erscheinung und zwingen alsdann die Hand, sie festzuhalten.*

Auch die Geschichte des hybriden Goldschmieds weist zurück auf die alten Meister des Feuers, deren demiurgische Euphorie unermeßlich gewesen sein muß, als es erstmals gelang, der von einem Zustand in einen anderen verwandelten Materie geprägte Form zu verleihen, die Natur zu beschleunigen durch Hilfe des Feuers. Das Feuer wurde von nun an zum Inbegriff einer schnellen Verwandlung, die sonst sich über undenkbare Zeiträume erstreckt hatte. Ein Meister formuliert in Ben Johnsons *The Alchimist*: *Das Blei und die anderen Metalle wären Gold, wenn sie Zeit gehabt hätten, es zu werden.* Sein Kollege folgert daraus: *Und das ist es eben, was unsere Kunst vollbringt. Gold ist immer Man-*

* Unveränderter Wiederabdruck eines Beitrags aus: Oper Frankfurt 1999/2000. Paul Hindemith, *Cardillac*, hrsg. von der Intendanz der Oper Frankfurt, Frankfurt/Main 2000, anläßlich der Premiere von *Cardillac* am 22. April 2000 an der Oper Frankfurt.

gelware. Die Überlieferung bringt es in Verbindung mit dem Licht der Sonne, die so golden glänzt wie die Krone des Königs, zumal des Sonnenkönigs, zu dessen Zeit sich die Handlung von Paul Hindemiths Oper *Cardillac* zuträgt. Cardillac, der Goldschmied, fürchtet die Befleckung des Goldes, dessen jungfräuliche Provenienz er durch Mord manisch immer wieder herstellen muß wie Elektra den zwangsneurotisch imaginierten Blutfleck. Das symbolisch mit dem Licht, dem Feuer und der Geburt gleichgesetzte Gold darf nicht geraubt werden. Zur Sphäre des interesselosen Wohlgefallens, der ursprünglichen Schönheit, gehört dies Gold. Gegen seine zweckgerichtete Entfremdung wehren sich Wagners Rheintöchter ebenso wie der Pariser Goldschmied, dessen Tochter im Inneren des »Gewölbes« der Werkstatt »gewohnheitsmäßig« aufräumt, die Schmuckstücke putzt, die Werkzeuge an ihren Platz stellt und dabei – in Hindemiths eigenem Text der Fassung von 1952 – die Angst vor dem Verlust der goldenen Virginität singend zum Ausdruck bringt: *Kreisendes Fremdes um uns, uns tief betäubend, lockt Furcht aus unserem Innern, nimmt Zuversicht und Glauben. In seinen Schalen schließt es uns ein, die das Eigne in uns umkrampfen.*

Von Hybris berichtet, um nochmals die Suggestion der Fabeln anzuführen, die Geschichte Phaëtons, des Sohnes des Helios und der Okeaniden Klymene, dem der Hofkomponist des Sonnenkönigs, Jean-Baptiste Lully, eine Oper widmete. *Phaëton*, 1693 uraufgeführt, handelt von göttlicher Megalomanie. Phaëton stiehlt den Sonnenwagen und verfällt daher dem Untergang. *Zum Horizonte muß ich steigen*: so lauten seine letzten Worte vor der todbringenden Fahrt. Hindemith hat die Lully'sche Opernmusik in die erwähnte zweite, vieraktige Fassung des *Cardillac* verwoben. Nach des Chores *Will uns Apollo strafen und uns jagen / In reuevolle Ängste, in ewige Nacht? Dies ist das Ende*, tritt Cardillac aus dem Dunkel der Seitenbühne. Phaëton wird abgelöst. Die Fabel offenbart ihre ganze Penetranz. Die Sängerin, die eben noch als lydische Königstochter figurierte, verrät nach dem Auftritt im Duett mit dem Goldschmied im dritten Akt selbst die mythische Identifikation:

Als ich euch plötzlich auf der Bühne sah, verstand ich alles: ich sah das Niegeschaute. Schöpfergeist unbändig, blutende Magik der Kunst, Erwürgen des Profanen.

Magik der Kunst, Verwandlung und Alchemie: In der Metaphorik solchen Anspruchs auf Gottes Thron versteht sich in dieser Fassung der Künstler als identisch mit dem Goldschmied: *Tief aus dem Chaos hebe ich des Kunstwerks Seele* [...] *Symbole von Bergen und Ozean, von Universen schaff ich. Schöpfer ich, übermenschlich.* Dergleichen demiurgischen Größenwahn läßt die literarisch geglücktere erste Fassung noch in reduziertem Ausdruck erscheinen. Auffällig aber gibt sich die Affinität, die zwischen der Profession des Protagonisten und der Begriffssprache des Komponisten, zumal in dessen später Phase, herrscht. Der metallurgischen, chemischen und alchemistischen Terminologie überläßt Hindemith seine Anatomie der künstlerischen Schaffenskraft. Das Bild etwa der Feuergeburt wird herangezogen, um dem Phänomen der musikalischen Wiederholung näher zu kommen: *Ein einzelnes Musikstück wird in seinen wiederholten Aufführungen vielmals neu geboren, es geht in ihnen durch immer sich erneuernde Lebensläufe, und mit jedem Ende seiner phönixgleichen Auferstehungen stirbt es wiederholte Tode.* Das ist die Welt der Werke Cardillacs. Aber weiter noch. Hindemith spricht geradezu vom Substanzverlust des Kunstwerkes durch seine Epiphanie, darunter die Gebrechlichkeit der Form, *da sie ja nicht gebaut ist, die niemals endenden Wirkungen des Verschleißes, der Abnutzung zu ertragen, und deshalb den Gegenwerten der Oxydation und des Verrottens ausgesetzt sind.* Als ob es dem Wesen des Werkes widerspreche, zur Erscheinung zu gelangen. Oxydation wird hier nicht als Übergang in eine höhere Wertigkeitsstufe verstanden, sondern vielmehr als die postnatale Katastrophe, an eine trübe Luft gesetzt worden zu sein, deren erhöhter Sauerstoffgehalt die Geburtsstunde des Verfalls bereits einläutet. Allein in der gleichsam prästabilierten Welt der inneren Klangbilder und musikalischen Imaginationen herrscht Reinheit. Wahrscheinlich, so vermutet Hindemiths musikalische Alchemie, seien *die eigentlichen*

Quellen der Musik in der körperlich-motorischen Erfahrungswelt zu suchen, nicht nur beim Neugeborenen, sondern *mit schon vorher gewonnenen Erfahrungen allgemeiner Körperbewegung.*
Auf Augustinus' Idee von der Musik als Abbild einer höheren Ordnung abhebend, sieht Hindemith auch die Verbindung von Geist und Klang als chemischen Prozeß, als Amalgamierungstätigkeit. Die *fermentierende Kraft* der Musik im *veredelnden, übermenschlichen und idealen Sinne* wird evoziert, um darin die künstlerische Produktivität zu spiegeln. Zusammenfassend heißt es in den »Weiten und Grenzen« untertitelten New Havener Vorlesungen *Komponist in seiner Welt* aus dem Jahre 1951 (kurz also, bevor sich Hindemith erneut und diesmal allein dem Stoff des Goldschmiedes widmete): *Es ist unser eigener Geist, der die Umwandlung zuwegebringt; die Musik ist nur ein katalytisches Agens, das dazu benötigt wird.*

II

Das Verbrechen schien allgegenwärtig. Das Maß der Unsicherheit auf den Straßen der Stadt Paris in den achtziger Jahren des 17. Jahrhunderts war kaum noch zu übertreffen. Dabei präsentierten sich die Beutelschneider, die den nachts zu ihren Geliebten schleichenden Adeligen blutigen Tribut abforderten, noch durchschaubar in ihrem zielgerichteten Pragmatismus. Unfaßbar dagegen war jene große Zahl von Giftmorden, die auch – anscheinend um des Verbrechens willen – mittellose Menschen in den Tod riß. Das plötzliche Hinsterben der mit Brot vergifteten Insassen eines Armenhauses ist dafür ein Beispiel. Quellen für diese Geschehnisse finden sich u.a. in Voltaires *Siècle de Louis XIV.* (Paris 1751), worin auch der Name René Cardillac auftaucht. Zeitzeugen hatten dem Autor viele Berichte über die Greueltaten gegeben, die trotz des monarchischen Glanzes die Atmosphäre verdüsterten. In Weihwasser gemischtes Arsenik, vergiftete Pasteten und neue tödliche Pulver, die wie das »poudre de succesion« schon beim Einatmen letal wirkten, waren nur Beispiele jener zeitweiligen monströsen Konjunktur des Ver-

brechens, die einer Epidemie gleichkam. *Diese epidemischen Greuel*, schrieb Voltaire, *sind wie jene großen Pesten, welche bisweilen die Erde verwüsten. Nachher pflügt, säet, erntet man, trinkt, tanzt, pflegt der Liebe auf der Asche der Toten, die man mit Füßen tritt.* –
In Paris im Herbst des Jahres 1680, zur Hochblüte barocken Lebensgefühls und des reifen Absolutismus, läßt 1818 E. T. A. Hoffmann seine Erzählung *Das Fräulein von Scuderi* sich entfalten. Inspiriert dazu wurde er neben Voltaire vor allem durch eine Anekdote, die er in Johann Christoph Wagenseils *Nürnberger Chronik* fand, die hernach auch für Richard Wagners Recherchen entscheidend werden sollte. Wagenseils *De sacri Romani imperiis litera civitate Noribergensi commentatio*, 1697 in Altdorf erschienen, berichtete auch über die Pariser Verbrechen unter Ludwig XIV. Hoffmann stieß hier auf eine Schriftstellerin jener Epoche, das Fräulein von Scudéry und ihren Ausspruch: *un amant qui craint les voleurs n'est point digne d'amour* (Ein Liebhaber, der sich vor Dieben fürchtet, ist der Liebe nicht würdig). Sylvester, der in Hoffmanns *Serapionsbrüdern* die Erzählung vorträgt, verbürgt sich für die Authentizität dieser Worte.
Madeleine de Scudéry (1607–1701) führte in den fünfziger Jahren einen nicht nur der Aristokratie zugänglichen literarischen Salon, der damals als Mittelpunkt der Vereinigung des Preziösentums, *Les Précieuses*, galt, zu der auch Corneille, Bossuet, Malherbe und La Rochefoucauld gehörten. Molières *Les précieuses ridicules* war bereits eine Verspottung dieser etwas zu manieristischen Bewegung, die etwa das Wasser einen himmlischen Spiegel oder den Tagesanbruch den mit Licht schwangeren Himmel nannte. Die Scudéry schrieb eine ganze Reihe heute vergessener galanter historischer Schlüsselromane, worin auch gegen Sittenverrohung und Sprachzerfall Stellung bezogen wurde. Die Autorin trat für verbesserte Bildungschancen für Frauen und ein zweckfreies Verhältnis der Geschlechter zueinander ein. Sie galt durchaus als moralische Instanz. Nicht zufällig läßt sie E. T. A. Hoffmann in der rue St. Honoré residieren. Als engagierte, um das Wohl der Gesellschaft bemühte Schriftstellerin

verkörpert sie den extremen Gegensatz zum grenzenlosen Egoismus des Künstlers und Goldschmieds Cardillac, des zweiten Protagonisten dieser nach Ernst Blochs Wort wohl ersten vollendeten Kriminalnovelle der deutschen Literatur. Auf der Straße der Tugend stirbt darin der Goldschmied, dessen Hybris der des Sonnenkönigtums des *Grand siècle* mit seinem Leitwort *L'État c'est moi* in nichts nachstand. Die Zerrissenheit des zwischen machiavellistischer Meisterschaft und ungezügelter Sinnlichkeit schwankenden Monarchen spiegelt die Doppelnatur des gerühmten Goldschmieds, der nachts die Männer ermordet, die den von ihm geschaffenen Schmuck als Geschenk für ihre Geliebten mit sich führen. Cardillac aber ist bei Hoffmann nur die äußerste Spitze eines Universums des Verbrechens. Im Paris, das er schildert, herrscht der Verdacht, längst hat sich die dagegen etablierte *Chambre ardente*, eine Art säkularisierte Inquisition, zum Repressionsinstrument gewandelt und das Verbrechen staatlich sanktioniert. Genau schildert Hoffmann das Klima des zum Überlebensprinzip avancierten Mißtrauens:

Wie ein unsichtbares tückisches Gespenst schlich der Mord sich ein in die engsten Kreise, wie sie Verwandtschaft – Liebe – Freundschaft nur bilden können, und erfaßte sicher und schnell die unglücklichen Opfer. Der, den man heute in blühender Gesundheit gesehen, wankte morgen krank und siech umher, und keine Kunst der Ärzte konnte ihn vor dem Tode retten. Reichtum – ein einträgliches Amt – ein schönes, vielleicht zu jugendliches Weib – das genügte zur Verfolgung auf den Tod. Das grausamste Mißtrauen trennte die heiligsten Bande. Der Gatte zitterte vor der Gattin – der Vater vor dem Sohn – die Schwester vor dem Bruder. – Unberührt blieben die Speisen, blieb der Wein bei dem Mahl, das der Freund den Freunden gab, und wo sonst Lust und Scherz gewaltet, spähten verwilderte Blicke nach dem verkappten Mörder. Man sah Familienväter ängstlich in entfernten Gegenden Lebensmittel einkaufen, und in dieser, jener schmutzigen Garküche selbst bereiten, in ihren eigenen Haus teuflischen Verrat fürchtend. Und doch war manchmal die größte, bedachteste Vorsicht vergebens.

III

Hoffmann läßt die verbrecherische Disposition seines Helden bereits in der pränatalen Phase beginnen. Die seelenkundliche Forschung seiner Zeit ging längst auf die Erkenntnis der Spuren sogenannter intrauteriner, d. h. vorgeburtlicher psychischer Geschehnisse aus. An Cardillac zeigte Hoffmann ebenso die halluzinatorische Wiederbesetzung der ursprünglichen Befriedigungssituation, abhebend von jenem genuinen Egoismus des Kindes, das – wie auch der verbrecherische Zwangsneurotiker – von seiner eigenen Allmächtigkeit überzeugt ist. Mit zutiefst romantischer Faszination von der Wirkungsmacht des Pathologischen konstruiert die entwicklungsgeschichtliche Sichtung des Phänomens das unentrinnbare Labyrinth der kranken Seele. Cardillacs Wahnsinn entpuppt sich als Endpunkt einer unumkehrbaren Kausalkette. Daß *der Sohn die Mutter, von der er nicht lassen kann*, für alle Ewigkeit gegen den Vater und dessen Repräsentanten zu verteidigen hat, zeigt Cardillacs Pathogenese. Während der Schwangerschaft beging die Mutter Ehebruch mit einem *Kavalier in spanischer Kleidung mit einer blitzenden Juwelenkette um den Hals, von der sie die Augen gar nicht mehr abwenden konnte.* Dieser Blick wird dem gleichsam im Schmelzofen des Mutterleibes verharrenden Helden zum Fatum eines ewigen Wiederholungszwanges. Der Mutter Begierde nach den funkelnden Steinen, *die ihr ein überirdisches Gut dünkten*, ist übermächtig. Als weitere dramaturgische Notwendigkeit wird nun die Todesverbindung hergestellt. Während der Kavalier die Frau *brünstig* in die Arme nimmt, die Mutter dabei nach der Kette greift, trifft ihn der Schlag. Hoffmann bleibt in der kosmologischen Metaphorik, um dem Trauma das Signum der Unendlichkeit zu verleihen: *Mein böser Stern war aufgegangen und hatte den Funken hinabgeschossen, der in mir eine der seltsamsten und verderblichsten Leidenschaften entzündete.* Von nun an ist das Eros-und-Thanatos-System geprägt von der identisch sich wiederherstellenden Ikonographie aus Mann, Frau, Schmuck, Mord und Rückkehr des Geraubten zur Werk- bzw. Geburtsstatt der Schmuckstücke, zur Schmiede des Künstlers. Cardillacs manischer Versuch, durch den Mord an den Liebhabern die Frauen vor Befleckung zu bewahren und damit die traumatische Ursituation zu überwinden, stellt mit höchster Präzision die Grundfiguration dieses Geschehnisses wieder her. Offensichtlich wird bei Hoffmann die Beziehung zwischen der Geborgenheit in der Schwangerschaft und dem Besitz des Schmuckes im Inneren der Werkstatt, wo die eigene Tochter – über die verstorbene Frau und die Ehe wird der Leser im Unklaren gelassen – die Werke pflegt, ein psychologisch bedeutsamer Nebenstrang der Novelle, der in Hindemiths Oper von 1926 dann zu großer Bedeutung gelangt. Dort ist vom Librettisten wie vom Komponisten hingegen Hoffmanns Akzentuierung des Eindringens der Außenwelt in die intra-uterine Geborgenheit getilgt. Die Expressionismus und »Neue Sachlichkeit« gemeinsame Tendenz zur Entpsychologisierung mag dafür nur als ein Grund gelten. Erst in der zweiten Fassung wird der traumatische Rückverwandlungsdrang wieder benannt, etwa wenn Cardillac selbstdiagnostisch formuliert: *Als Diener rätselhafter Mächte muß ich Gold und Steine beleben. Was zwing ich euch dann ins Freie? Mit Angst und Tränen entsend ich euch, stets hoffend, daß ihr einst zurückkommt, heim in den Schoß des Ursprungs.*

IV

Genauso wichtig erscheint die zunehmende Dämonisierung des Titelhelden durch die immer stärker ins Zentrum geratene Künstlerproblematik. Zwischen der psychologischen Novelle der schwarzen Romantik und beiden Cardillacopern aus den zwanziger und den fünfziger Jahren steht jene Bearbeitung des Stoffes, die für Hindemiths Librettisten Ferdinand Lion von maßgeblichem Einfluß war. Von Otto Ludwig, der sein abgebrochenes Musikstudium mit dem Verweis auf das genuin *Vage der Musik* legitimierte, stammt der literaturgeschichtlich zukunftsreiche Titel des poetischen Realismus. Zwischen romantischem und realistischem Wirklichkeitsbegriff die Mitte haltend, akzentuierte seine Bearbeitung der Hoffmann'schen Novelle den Künstler Cardillac. Offenkundig wie später nur in Hindemiths zweiter Fassung erscheint hier die Analogie von autographischen und poetischen Elementen. Das fünfaktige Schauspiel *Das Fräulein von Scuderi* entstand zwischen 1845 und 1847. Im Zentrum steht der Künstler als Handwerker, dessen Schaffenskraft Ludwig auch in den zur gleichen Zeit geschriebenen Shakespeare-Studien auf die Spur kommen wollte. *Jede Kunst schließt ein Handwerk in sich ein (...) und die glänzenden Geister haben ihre Verachtung des Handwerks durch die Unvollkommenheiten ihrer Kunstwerke bezahlen müssen.*

Das schöpferische Reservoir vergleicht Otto Ludwig in der gleichen Schrift deshalb nicht zufällig mit einem Bergschacht, der Gold birgt, *blitzend und locker im Gestein, so daß man sie mühelos herausnehmen und damit in die Tasche fahren kann und den Schacht nicht verläßt, ohne die Tasche voll ausgeblichenem Golde mit davonzutragen.* Um das poetische Vermögen Shakespeares zu beschreiben, greift Ludwig ebenfalls zur metallurgischen Metaphorik, spricht von unterirdischen Kräften, die *chemisch-tellurischen Prozesse, die das Metallblut schaffen und durch die Erdadern pumpen*; Kunst also als Pulsschlag der Natur, die der dämonischen Natur des Künstlers entspricht. Hier konturiert sich das Bildnis des Cardillac aus der Epoche des poetischen Realismus. Nicht mehr entscheidend ist die Hoffmann'sche Psychologie, die Frage nach der Herkunft des Wahnes und des zwangsneurotischen Impulses, die Verausgabung rückgängig zu machen, retrogenetisch das Goldwerk wieder zur mütterlichen Terra der Werkstätte zurückzuholen. Ludwigs Cardillac ist ein Grenzgänger zwischen unabdingbarer Lebensreproduktion und abgrundhafter Phantasmagorie: *er ist*, so sagt es treffend ein Mediziner, *ein Künstler, der so ganz versunken in seinen goldnen Träumen ist, daß ihm die Wirklichkeit zum bloßen Traum geworden, der Traum zur Wirklichkeit.* Cardillac selbst setzt bei Ludwig auf eine Ästhetik der Abbildhaftigkeit. Der originäre Zug von Kunst ist Mimesis. Cardillac formuliert: *So wie das Schöne eines Schönern Abglanz.* Frappierend bleibt die Leichtigkeit einer Verbindung, die sich hier zu Hin-

demiths musikalischer Abbildtheorie herstellen läßt. Gerade in dem *delirisch taumelnden, fast irren Charakter* der Musik erkannte der Komponist den mimetischen Charakter des Höraktes: *die Gefühle, welche die Musik auslöst, sind keine wirklichen Gefühle, sondern nur die Abbilder von Gefühlen, die vorher schon einmal erlebt worden sind.*
Neu an Ludwigs Cardillac ist sein jagohafter Zug. Othellos Widersacher, der die biblische Identitätsformel in der Umkehrung *ich bin nicht, der ich bin* blasphemisch zum Axiom einer ursächlichen dämonischen Zerstörungsinstanz mit manichäischen Zügen macht, steht Pate für Cardillacs anthropologischen Pessimismus und seinen nicht minder virulenten philosophischen Fatalismus. Die Schuld hat der göttliche Weltenschmied, der auch das Böse mitgeschaffen hat, denn er kann nichts schaffen, was er selbst nicht ist: *Die Schuld trägt, der uns schuf. Ich hab mich nicht geschaffen*, sagt Cardillac. Auf die äußerste Formel der Nichtidentität gebracht, bedeutet dies: *Wär' ich nicht, so wär' ich nicht so wie ich bin.*
In Ludwigs Schauspiel fußt die Verbrecherkarriere Cardillacs auf dem Fundament einer Sozialtragödie, die schon Züge der naturalistischen Milieutheorie vorwegnimmt. Cardillacs Vater, ein Goldschmied, war Leibeigener. Sechs Monate vor der Niederkunft seiner Frau schloß ihn der Graf ein, um sich ein außergewöhnliches Schmuckstück anfertigen zu lassen. Er schläft mit der Mutter und läßt hernach den Vater – wie versprochen – frei. Dieser versucht, den Grafen zu ermorden. Der aber ist schneller und bringt ihn um. Die Genealogie des Hasses schon des Kindes Cardillac *auf Alle, die genossen, ohne zu schaffen*, scheint evident. Der Graf wird das erste Opfer *von des Wahnsinns Erbtum.*

V

In Ferdinand Lions Libretto für Paul Hindemith wird weder Hoffmanns psychopathologische noch Ludwigs sozialpathologische Begründung der verbrecherischen Subjektivität mehr aufrecht erhalten. Akzentuierter als in den Modellen des 19. Jahrhunderts tritt in einer Großstadtoper des

20. Jahrhunderts das Phänomen der Masse in Erscheinung. Große Chorpassagen rahmen das Werk ein. Eine Stadt sucht einen Mörder. Irgendwo, inmitten eines Kaleidoskops von Fratzen, erscheint grau dessen Physiognomie; eine expressionistische Grundsituation par excellence.
Dennoch wird hier nicht die Großstadt, sondern die Werkstatt zum Mittelpunkt. Von ihr aus richtet sich der Blick nach außen. Nicht Georg Heyms von den Dächern starrender Großstadtbaal, nicht seine abwärts in Hinterhöfe, Obdachlosenasyle und Kaschemmen schießenden Dämonen, nicht Benns Krebsbaracken oder Stadlers Waisenhäuser geben die Perspektive; ebensowenig der mal »Hosianna«, mal »kreuzige ihn« schreienden Masse in den Straßenszenen der Oper gilt dieser Blick, sondern einzig der demiurgischen Werkstatt des Künstlers. Sie behauptet sich als das Gravitationszentrum von Zeit und Raum. Dem Solipsismus eines von der Obsession des absoluten Kunstwerkes inmitten eines grenzenlosen, stinkenden Pfuhls heimgesuchten Handwerkers mit archetypischer Affinität zu den vulkanischen Sphären im Erd- und Seeleninnern gilt das Interesse des Werkes sowohl in seiner ersten als auch in seiner zweiten Fassung. Hindemith und Lion wußten, daß E. T. A. Hoffmanns Erzählung *Das Fräulein von Scuderi* zugleich eine tragische Künstlerexistenz in die Mitte stellt. Die Unvereinbarkeit von Ethik und Ästhetik, eine axiomatische Behauptung aus den Kunstautonomiedebatten der Moderne, fand sich dort als Korrelation von Kunst und Verbrechen bereits vorgebildet. Die Doppelexistenz, auch bei Gogol, Poe, Stevenson, Dostojewski und Wilde variiert, präsentiert sich in Hindemiths Oper als Gleichnis des beziehungslos gewordenen modernen Künstlers, der für die Autonomie des Werkes zum Verzicht auf jedes Ethos, jede Verantwortung und – darüber hinaus – jede Liebe zu einem Menschen bereit ist. Enggeführt bis zur Identität erscheinen Künstler und Verbrechertum. Cardillac, dem manischen Serienmörder, von den Bürgern respektvoll ob seiner handwerklichen Meisterschaft behandelt, wird das Schicksal der eigenen Tochter im Vergleich mit seinen Schmuckstücken zur Nebensache.

Stark ins Gewicht fällt in der dreiaktigen Oper das so produktive wie antinomische Verhältnis von Text und Musik. Ferdinand Lions Libretto wies alle poetischen Ingredienzen des Spätexpressionismus auf. Hindemiths Komposition aber negierte geradezu jedes Sentiment, hütete sich vor jedem Anflug von »Kuhstallwärme« oder »fliegender Idealität«. Aus solchem polaren Spannungsfeld bezieht das Stück seine zwischen äußerster Hitze und äußerster Kälte oszillierende Atmosphäre. Exemplarisch offenbart sich die Inkommensurabilität von sexueller Begierde und musikalischer Indifferenz der Szene gegenüber beim »Flötenduett« kurz vor dem Mord, der konsequent schließlich ganz ohne Musik geschieht.

Hindemiths Absage an Kolorit und Seelenzeichnung, seine Besinnung auf die Form, sein neopolyphoner Verzicht auf dramatische Charakterstudien besitzen 75 Jahre nach dem Höhepunkt der Neuen Sachlichkeit zu Beginn des neuen Jahrhunderts wieder einen äußerst suggestiven Zug, und Musils Prognose eines Verlustes von Seele und eines Debakels des Anthropozentrismus beginnt jetzt erst in der Lebenswelt zu wirken. Die Apostrophierung der Form jedenfalls führt nicht nur in die Erkaltung der Leidenschaften, sondern auch zum Verschwinden der Eigenschaften.

Inga Mai Groote

»Wie weit hat das alles wohl mit praktischer Ausführung zu tun?«

Hindemiths Materialsammlung für den Theorieunterricht in Amerika

I

Bald nach seiner Emigration in die USA folgte Paul Hindemith einem Ruf an die *Yale School of Music*. Nach einem Teilzeitvertrag ab September 1940 erhielt er als volle Stelle eines »Professor of the Theory of Music« zunächst zwei Dreijahresverträge und 1947 die *Battell Professorship of the Theory of Music.*[1] Die bis 1953 dauernde Tätigkeit in Yale wurde 1949/50 durch die *Charles Eliot Norton Lectures* in Harvard[2] und später durch die Lehrverpflichtungen in Zürich für insgesamt fünfeinhalb *terms* unterbrochen. Ähnlich wie schon mindestens seit Beginn der 30er Jahre[3] hatte Hindemith von Anfang an dezidierte eigene Vorstellungen von Unter-

---

[1] Zur Darstellung von Hindemiths Lehrtätigkeit vgl. Luther Noss, *A History of the Yale School of Music. 1855–1970*, New Haven 1984, S. 161ff., und ders., *Paul Hindemith in the United States*, Urbana/Chicago 1989, S. 83–108. Zum eigentlichen Kompositionsunterricht Eckhart Richter, *A Glimpse into the Workshop of Paul Hindemith*, in: *Hindemith-Jahrbuch* 1977/VI, S. 122–141.

[2] Deren Texte sind publiziert worden als *A Composer's World. Horizons and Limitations*, Cambridge Mass. 1952 (deutsch als *Komponist in seiner Welt. Weiten und Grenzen*, Zürich 1959).

[3] Entsprechende Ansichten äußerte er etwa in *Komposition und Kompositionsunterricht*, (vgl. Paul Hindemith, *Vorträge, Aufsätze, Reden*, hrsg. von Giselher Schubert, Zürich/Mainz 1994, S. 47–115 und 341f., dazu auch unten) und wohl auch schon 1927 in den für Frankfurt geschriebenen Entwürfen, vgl. Peter Cahn, *Ein unbekanntes musikpädagogisches Dokument von 1927: Hindemiths Konzept einer Musikhochschule*, in: *Hindemith-Jahrbuch* 1977/VI, S. 148–172. Vgl. auch die Äußerungen im 9. Kapitel von *A Composer's World*, S. 175–190.

richtsinhalten, die vor allem die strikte Trennung in ›theoretische‹ und ›praktische‹ Fächer vermeiden wollten. Die Umsetzung seiner eigenen Unterrichtsentwürfe war in Yale sogar eine Bedingung für seine Zusage. Nachdem seine Kurse zunächst als *Advanced Theory of Music* firmierten, wurde ab 1943 seine neue Konzeption eingeführt, die bis zur Aufgabe der Stelle in Yale 1953 bestehen blieb und für seine Studenten – unabhängig davon, ob sie den *Major* in Komposition oder Theorie anstrebten – verbindlich wurde.[4] Sie bestand aus den drei einzelnen Kursen *Basic Principles of Theory*, *History of Music Theory* und *The Teaching of Music Theory. Basic Principles* behandelte vor allem die Inhalte der ersten beiden Teile der *Unterweisung im Tonsatz*, aber auch schon den dreistimmigen Satz; aus der *History* gingen auch die – bereits mehrfach an anderer Stelle behandelten – Konzerte des *Collegium Musicum* hervor.

Die Materialsammlung, anhand der Hindemith seine theoretischen Kurse – vor allem natürlich die *History of Music Theory* – hielt, besteht aus acht Karteikartensammlungen (d.h. mittels zweier Ringe gehefteten Konvoluten) von jeweils etwa 50 bis 100 DIN-A6-Karteikarten im Querformat.[5] Die Kartenkonvolute sind chronologisch geordnet und umfassen folgende Abteilungen (vgl. Anhang II):

I. *Greeks/Romans/Church Fathers*
II. *Boethius/Mus[ica] ench[iriadis]/Odo/Guido/Arabians/Discant*
III. *1200–1400*
IV. *1400–1499*
V. *1500–1599*
VI. *1600–1699*
VII. *1700–1799*
VIII. *1800*

---

[4] Vgl. Noss, *History*, S. 178.

[5] Sie werden im Paul-Hindemith-Institut, Frankfurt, aufbewahrt. An dieser Stelle möchte ich den Mitarbeiterinnen des Hindemith-Instituts und besonders Herrn Dr. Giselher Schubert für die freundliche Aufnahme und die anregenden Gespräche danken.

Diese Karten wurden in den Unterricht mitgenommen, zum Teil auch in Vorlesungsskripte – die weiter unten beschrieben werden – übertragen. Hindemiths Schüler Eckart Richter berichtet dazu: *Hindemith based his lectures on abstracts of all the major treatises which he had written on cards bound with notebook rings.*[6] Das Zitat bezieht sich offenbar auf Herbst 1947, als im ersten Semester *an introductory survey of music theory starting with the Greek theorists* gelesen wurde. Der Name »Richter (College)« erscheint auch auf der Teilnehmerliste, die am Ende des Abschnitts »History« im Buch mit den Unterrichtsvorbereitungen Hindemiths liegt. Ähnlich äußert sich auch Howard Boatwright:

[...] *there was a class in ›The History of Theory‹. These lectures represented an extraordinary feat for a musician with Hindemiths educational background. Having very little formal education, Hindemith had learned to cope fluently with medieval Latin, and he made little abstracts, on cards bound with notebook rings, of every major treatise from Euclid on. He had begun to explore the history of theory when he started to teach in Berlin; having decided to write a treatise, he wanted to know how it had been done in the past, and he approached the problem with his usual thoroughness. In the early years at Yale, this class consisted mainly of his own majors, and they utilized Yale's fine Music Library to examine manuscripts and early editions of treatises. Oliver Strunk, then working on Source Readings in Music History (1950), supplied Hindemith with a number of his translations in mimograph form for the use of the class.*[7]

Eine genauere Zuordnung der Karten zu Vorlesungen einzelner Jahre läßt sich kaum nachvollziehen, da das einmal erarbeitete Konzept mit nur geringfügigen Abweichungen wiederholt wurde und die Idee derartiger kursorischer Geschichtsüberblicke mit starker Gewichtung früher Epochen – ausgehend von der Kompositionsgeschichte – schon in den

---

[6] Vgl. E. Richter, *Paul Hindemith as a Director of the Yale Collegium Musicum*, in: *Hindemith-Jahrbuch* 1978/VII, S. 143–174, Zitat S. 151.

[7] Howard Boatwright, *Paul Hindemith as a Teacher*, in: *Musical Quarterly* (50) 1964, S. 287.

ersten Jahren in Amerika umgesetzt wurde. So schreibt Hindemith über seine Sommerkurse in Tanglewood 1941: *Im Sommer werde ich wieder in den oben erwähnten Berkshires unterrichten; neben der Komposition habe ich aber dort noch etwas besonders schönes, das Sie interessieren dürfte: Ich mache nämlich mit Dr. Schrade für etwa 250 Sänger und Spieler einen Kurs, der singend und spielend durch die Musikgeschichte führt vom gregorianischen Gesang an über all die Anonymi des dreizehnten Jahrhunderts, die ganzen Niederländer usw usw ...... Die ganze Arbeit habe ich zu machen, es sind allein 300 Musikstücke zu kopieren und für die Ausführenden mundgerecht zu machen.*[8] Und schon in den Ausführungen über Komposition und Kompositionsunterricht, die zwischen 1933 und 1935 entstanden und für Josef Müller-Blattaus *Hohe Schule der Musik* vorgesehen waren[9], wird die Bedeutung einer umfassenden Kenntnis der Musikgeschichte und der Musiktheorie unter historischem Blickwinkel betont.

Den Grundstock der Datensammlung bilden offensichtlich zunächst weiße Karteikarten mit den Namen der zu behandelnden Theoretiker, die in (zumindest intendierter) chronologischer Reihenfolge nach Geburtsdaten geordnet sind. In der Regel enthalten sie neben dem Namen die Lebensdaten oder Stichpunkte zur Vita und meist eine Aufzählung der ›wichtigeren‹ Werke des betreffenden Verfassers.[10]

---

[8] Brief an Hans Boettcher, datiert *New Haven Conn, 25.3.41/Yale Music School*, zit. nach G. Schubert, *Hindemiths Briefe an Hans Boettcher*, in: *Hindemith-Jahrbuch* 1997/XXVI, S. 196–214, hier S. 210f. Und nicht zuletzt wurden ab 1945 die ›historischen‹ Konzerte des *Yale Collegium Musicum* weitgehend von den Teilnehmern der »Advanced Theory« bestritten. Vgl. Noss, *History*, S. 167ff., ders., *Paul Hindemith*, S. 98; ausführlicher H. Boatwright, *Hindemith's Performances of Old Music*, in: *Hindemith-Jahrbuch* 1973/III, S. 48–62, und Richter, *Paul Hindemith as Director*, S. 143–174.

[9] Vgl. Hindemith, *Vorträge, Aufsätze, Reden*, S. 47–115 und 341f., v. a. S. 102 und S. 103f.

[10] Einzelne Karten sind reproduziert oder transkribiert in: Andres Briner, Dieter Rexroth, Giselher Schubert, *Paul Hindemith. Leben und Werk in Bild und Text*, Zürich/Mainz 1988, S. 176, sowie bei Andreas Traub, *Eine Ehrenrettung Kirchers*, in: *Hindemith-Jahrbuch* 1992/XXI, S. 158–162, oder (als Beispiel sowohl für Karteikarten als

Hinzu können Verweise auf Überblicksdarstellungen, Lexika und Quellensammlungen wie Riemann und Eitner oder (für die älteren Epochen) Coussemaker und Gerbert kommen.[11] In welchem Maße darüber hinausgehende Literaturangaben nur auf diese primär konsultierten Werke zurückzuführen sind oder ob sie tatsächlich rezipiert wurden, läßt sich nur in den seltensten Fällen feststellen, die geringe Anzahl direkter Zitate spricht jedoch für die erste Vermutung. Nur einzelne Werke der Sekundärliteratur wurden eindeutig ausführlicher benutzt; die meisten davon sind – wenigstens in Kopie – auch in Hindemiths Privatbibliothek enthalten.[12] In der Mehrzahl der Fälle finden sich Verweise auf Sekundärliteratur auf der Rückseite der weißen Karten. Manchmal werden auch Ausschnitte aus Antiquariatskatalogen aufgeklebt, die neben der genauen Beschreibung des angebotenen Werkes auch Bemerkungen zu dessen Bedeutung und Einordnung bieten können. Neben den weißen gibt es farbige Karten, auf denen Zitate aus der Sekundärliteratur (*Meinungen*[13]) sowie eigene Anmerkungen, inhaltliche Zusammenfassungen, demonstrierende Diagramme etc. gesammelt sind. Rot dient besonderen Hervorhebungen. Markiert werden kurze

---

auch für die Form Hindemithscher Vorlesungsnotizen, in diesem Falle zur Analyse Schönbergs) bei David Neumeyer und Giselher Schubert, *Arnold Schoenberg and Paul Hindemith*, in: *Journal of the Arnold Schoenberg Institute* (13/1), June 1990, S. 3–46, hier *Appendix I*, S. 43f.

[11] Im Besitz Hindemiths finden sich hier z. B. Hugo Riemann, *Geschichte der Musiktheorie im IX. bis XIX. Jahrhundert*, [2]1920 und Riemann-*Lexikon* 10./11. Auflage, 12. Auflage nur Personenteil; Robert Eitner, *Quellenlexikon* (im Nachdruck Murray/ Cambridge); Charles E. Coussemaker, *Scriptorum de musica medii aevi nova series* 1–4 1864ff. und *Histoire de l'harmonie au moyen-âge* 1852; Martin Gerbert, *Scriptores ecclesiastici de musica* 1784.

[12] Als Beispiele mögen genügen: Oliver Strunk, *Source Readings in Music History*, New York 1950; die Aufsatzreihe *Die alten Musiktheoretiker* von Utto Kornmüller, in: *Kirchenmusikalisches Jahrbuch* 1886–1889; Wilhelm Dupont, *Geschichte der musikalischen Temperatur*, Kassel 1935; James Murray Barbour, *Tuning and Temperament. A Historical Survey*, 1951/53; Johannes Wolf, *Handbuch der Notationskunde I/II*, Leipzig 1913/1919.

[13] So die ausdrückliche Überschrift der dritten Karte zur *Musica enchiriadis*, auf der die Stellungnahmen Spittas und Kornmüllers gegenübergestellt sind.

(historische) Überblicke oder ›Merksprüche‹, zentrale Sätze oder aber besonders emphatische Kommentare.
Unter diesen Hervorhebungen finden sich im Konvolut für das 16. Jahrhundert außer einer Zusammenstellung der bedeutendsten Komponisten des Zeitraums folgende tabellarische Übersichten: *Unterrichtswerke für praktische Musik um Zarlino / im 16. Jhdt.* (nebst Angaben existierender Nachdrucke) und *Gleichschwebende/ungleichschwebende Stimmungen*, die sich bis auf seine eigene Zeit erstrecken und nach Feinheit der Oktavunterteilung geordnet sind. Zu den emphatischen Kommentaren gehört beispielsweise die vernichtende Kritik an J. Murray Barbour bezüglich dessen Einschätzung von Vincenzo Galilei. Barbour hebt Galileis Bedeutung hervor, da dieser eine praktikable gleichschwebende Stimmung für Instrumente mit Bünden entwickelt habe: *V.G. 1581, advocated the ratio 17:18 for the equal semitones of the lute. With a slight correction for the octave, this method may have been in practical use for fretted instruments for centuries. As improved, the Galilei method is approximately equal temperament.* Diesem Zitat aus *Tuning and Temperament* folgt ein Kommentar mit rotem Kugelschreiber: *Das würde für den Halbton 98 cts bedeuten, mithin 12 · 98 = 1176. Was geschieht mit dem pyth Komma? ›Slight correction‹ hier, und sonst das Hauptproblem!!!*
Insgesamt ist die Zahl der ausführlicheren Kommentare (außer in den Fällen Athanasius Kircher und Marin Mersenne etwa bei den ›großen‹ antiken und mittelalterlichen Namen oder bei Salinas, Vicentino und Zarlino) – abgesehen von Stimmungsdemonstrationen – relativ gering, die Anzahl der nur Namen und Daten enthaltenden Karten überwiegt. Einen umfangreichen Anteil an den aufgenommenen Materialien hat neben den deutschen Standardwerken die englische Übersetzungssammlung *Source Readings in Music History* von Oliver Strunk, zu deren Manuskripten Hindemith schon vor der ersten Veröffentlichung Zugang hatte. Strunk bedankt sich im Vorwort ausdrücklich bei Alfred Einstein und Paul Hindemith *for a number of constructive*

recommendations which grew out of their experiments with sections of the manuscript in connection with their teaching.[14]

In dieser Sammlung werden die Texte jedes aufgenommenen Autors mit einer kurzen biographisch-historischen Notiz eingeleitet; auf etliche Karteikarten sind Ausschnitte daraus – sowohl aus der Biographie als auch aus den Texten – aufgeklebt worden. Natürlich kann die endgültig gedruckte Fassung auch nachträglich eingeklebt sein, wie die Karte für Pietro Aron vermuten läßt: dort ist auf die offenbar fertige Karte (am Rand sind noch die Spiegelstriche von der Werkaufzählung sichtbar) der bei Strunk ausgeschnittene Lebenslauf aufgeklebt worden.

Eine länger andauernde und mehrmalige Bearbeitung der Materialsammlung geht aus mehreren Anzeichen hervor: Es gibt noch Nachträge aus 1948; Schönbergs Todesjahr ist vermerkt; die Karten für das 18. Jahrhundert scheinen insgesamt jüngeren Datums zu sein: die Handschrift wirkt sehr einheitlich, und hier ist (zu Daniel P. Straehle) das einzige Mal J. M. Barbour mit seinem Buch *Tuning and Temperament* (1951) zitiert, nachdem zuvor wohl nur seine Dissertation[15] zugänglich war. Damit könnte ein Großteil der Karten dieses Buches ungefähr aus dieser Zeit stammen. Einzelne Doppelnennungen oder vergleichbare Flüchtigkeitsfehler sprechen ebenfalls für eine Bearbeitung der Karten in mehreren Durchgängen und wohl auch nach verschiedenen Quellen: der in *1600–1699* zwischen Quirsfeld und Werckmeister mit ungenauen Daten um die Jahrhundertwende genannte »Jean-François Delafond« (*A new system of music both theoretical and practical & yet not mathematical*, London 1725) dürfte wohl identisch mit »de la Fond, Francis« im Konvolut zum 18. Jahrhundert sein.[16] Ein ähnlicher Fall liegt bei P. C. Hartung vor,

[14] Strunk, *Source Readings*, vgl. S. xxi. Vgl. auch Richter, *Paul Hindemith as Director*, S. 151. Strunk und Hindemith kannten sich seit Strunks Aufenthalt in Berlin 1927/28.

[15] Barbour, *Equal Temperament: Its History from Ramis (1482) to Rameau (1737)*, Ithaca 1932.

[16] Zu diesem lautet die Karte: [...] *Nichts Wichtiges. Ein nett geschriebener (teilweise witzig-aggressiv) Versuch, die 12 Ton Temperatur ohne jeden theoretischen Hintergrund als Basis der Musik, und speziell zur Baßbezifferung zu bemühen.*

der ein zweites Mal unter seinem (dort auch aufgelösten) Pseudonym Humanus erscheint.[17]

Zu der Datensammlung der Karteikarten kommen – als Auswahl von Autoren oder Texten, die intensiv durchgearbeitet wurden – zwei handschriftliche Sammlungen von längeren Textexzerpten, die in linierte Hefte eingetragen wurden. Eines dieser Manuskripte trägt den Titel *Musiktheorie Auszüge*, auf dem Deckel *Theorie I* (im folgenden als Kurzbezeichnung für diese Sammlung verwendet); es befindet sich in einem Heft mit blauem Einband, das der Aufschrift nach aus Yale stammt. Hierbei handelt es sich um das sogenannte »blaue Buch«, auf das von den Karten z. B. mittels kleiner aufgeklebter Zettel (mit Vermerken wie »s. blaues Buch«) verwiesen wird. Möglich sind auch Vermerke wie »Theorie I, 13«, die sich dann auf die durchnumerierten Texte beziehen. Enthalten sind Auszüge aus:[18]

– I. W. Brambach, Die Musikliteratur des Mittelalters [bis zur Blüte der Reichenauer Sängerschule (500–1050) Karlsruhe 1883]
– II. Wilhelm Mühlmann, Die Alia Musica. [Quellenfrage, Umfang, Inhalt & Stammbaum (Leipzig 1914)]
– III. M. Hermesdorff, Guidos Micrologus [Micrologus Guidonis ... (mit deutscher Übersetzung), Trier 1876]

Da es schon in einem Aufwaschen geht, werden auch die Schlüsselunterschiede abgeschafft und alles im Treble clef mit Oktavversetzungen geschrieben. [...] *Der Baß zu einer Corelli-Sonate beginnt demnach so:* [*Notenbeisp.*] *Statt der feststehenden Intervallnummern also die wechselnden Tonnamen der in den Akkorden charakteristischen Intervalltöne. – Andere Beispiele zeigen, daß der Autor inbezug auf Stimmführung schon die barbarische und sinnlose Finger-Tasten-Regulierung Bemetzrieders vorausahnt. Man scheint wirklich in dieser schändlichen Weise continuo gespielt zu haben?* Leider fehlen bei beiden Karten Quellenangaben.

[17] *Humanus, P.C.; 18. Jhdt. (Pseudonym des schwäbischen Predigers Hartung)* bzw. *Hartong (P.C. Humanus) Mitte 18. Jhdt.*

[18] Die Schreibweise der Titel folgt der handschriftlichen Inhaltsübersicht des blauen Buches; die Angaben in eckigen Klammern erscheinen nur in den Überschriften der Exzerpte. Die Titel mit Spiegelstrichen (im Inhaltsverzeichnis) sind auf den Karteikarten abgehakt, vermutlich, um sie als schon bearbeitet zu bezeichnen.

- IV. Hubert Wolking, Guidos Micrologus [Guidos »Micrologus...« und seine Quellen, Diss Münster 1930]
- V. Hermesdorff, Michael: Brief Guidos [an den Mönch Michael über einen unbekannten Gesang, Übersetzung und Erklärung, Trier 1884]
- VI. [P.] Chrys[ostomus] Großmann, Guido v. Arezzo[. Seine Stellung in der Musikgeschichte. Benediktinische Monatsschrift IX, 1927]
- VII. nochmals: W. Mühlmann, Die Alia Musica[. Quellenfrage, Umfang, Inhalt & Stammbaum Diss Leipzig 1914]
- VIII. Marius Schneider, Geschichte der Mehrstimmigkeit
- IX. Hermann Müller, Zur Musikauffassung des 13. Jahrhunderts[, Archiv 1922]
- X. Guy de Chalis, Musikbeispiele aus »Regulae de arte musica« [(nach Coussemaker, *L'Histoire de l'harmonie*)]
- XI. Anonymus 2 (Couss. I) Tractatus de Discantu, Auszug [(aus Coussemaker I)]
- XII. Traité de Déchant [(en langue romane)], Coussemaker, *L'Histoire*
- XIII. De arte discantandi (Couss[emaker, *L'*]*Histoire*), Auszug
- XIV. Quaedam de arte discantandi (Couss[emaker *L'*]*Histoire*), Auszug
- XV. Magistri Phillipoti Andreae *De Contrapuncto* [*quaedam*] *Regulae* [*utiles* (Coussemaker III)]
- XVI. R. Steglich, Die Quaestiones in Musica
- XVII. Zeitliche Reihenfolge der Theoretiker im 13. Jhdt [soweit sie die Harmonie betreffen]
- XVIII. Hermann Müller: Der Musiktraktat [in dem Werke]... des Bartholomäus Anglicus [*De proprietatibus rerum* (Riemann-Festschrift 1909)]
- XIX. Luigi Torri, Il »Trattato« di Prosdocimo di Beldemandi
- XX. Besseler, Studien zur Musik des Mittelalters [(AfMw VII)]

– XXI. Großmann: Die einleitenden Kapitel des Speculum musicae
– XXII. Giuseppe Tartini: Trattato di Musica [1754]
– XXIII. J.-Ph. Rameau; Traité de l'Harmonie [reduite à ses Principes naturels, Paris 1722,] II & III [Livre]
– XXIV. Platon
– XXV. Plutarch, [Peri mousikēs]
– XXVI. Pseudo Aristoteles, Problemata

Dieses »blaue Buch« wird ergänzt durch eine zweite Exzerptsammlung, *Theory Excerpts / Yale / Kirnberger / Daube / d'Alembert / Messe / Boethius /Koller (Franco) / de la Fage / Hornbostel* (im folgenden *Theorie II*); sie ist von Hand paginiert. Die beiden letzten Abschnitte (VIII. und IX.) sind spätere Hinzufügungen, die zwar nicht mehr in das erste Inhaltsverzeichnis übernommen worden sind, aber noch außen auf dem Umschlag des Heftes – diese Aufzählung ist hier wiedergegeben – nachgetragen wurden.

I.	Kirnberger[19], Die Kunst des reinen Satzes	3
II.	Daube, General-Baß in drey Accorden	14
III.	d'Alembert, Elemens de Musique	18
IV.	Messe[20]	21
V.	Hermann Abert, Die Lehre vom Ethos in der griech. Musik	40
VI.	Boetius, De musica II. Buch	43
	Boetius, Monochordeinteilung	47
VII.	Oswald Koller, Versuch ... Franko's Kapitel 11 Artis cantus mensurabilis	48
VIII.	Adrien de la Fage, Essais de Diphtérographie musicale	
IX.	Aus: E.M. von Hornbostel / Tonart und Ethos / (Festschrift für Johannes Wolf 1929, p. 73–78)	

[19] Vgl. Karte in *1700–1799*: *s. Theorie II, S. 3.*
[20] Ohne Herkunftsangabe; es handelt sich um eine Auseinandersetzung mit dem liturgischen Ablauf der Meßfeier.

II

Die umfangreichsten Eintragungen in der Karteikartensammlung beziehen sich auf die Zeit von der Antike über die Kirchenväter bis zum 14./15. Jahrhundert. Hier herrschen vor allem philosophisch-theoretische Fragen der musikalischen Grundlagen und zum System der Musik vor, vom 16. Jh. an werden ausführlich Stimmungen – die eines der Themen in *Basic Principles* sind – behandelt. Auffälligerweise werden seit dieser Zeit nur noch Auszüge aus Rameau, Tartini, Daube und Kirnberger ins Exzerptheft aufgenommen. Ansonsten sinkt die Intensität der Bearbeitungen deutlich, es läßt sich höchstens noch konstatieren, daß nach wie vor Lehrfragen mit größerer Aufmerksamkeit behandelt werden. Die Auswahl der ausführlich bearbeiteten Namen erinnert stark an die Reihe der wenigen in den einschlägigen Texten genannten Autoren, beispielsweise Boethius, Guido[21], Tinctoris, Zarlino und Fux einerseits als Vertreter einer mathematisch fundierten Musiktheorie, Rameau, Tartini, Öttingen und Hugo Riemann für die »physikalische Methode«.[22] Im Text *Methoden der Musiktheorie* wird deutlich, daß sich die von Hindemith immer um 1700 angesetzte Epochengrenze auf das Aufkommen dieser physikalisch fundierten Theorie bezieht. Gleichzeitig können diese wenigen Namen natürlich auch die Hindemith am längsten vertrauten sein, mit denen er sich schon zu Berliner Zeiten auseinandersetzte:

He read (or already knew) the principal works of Rameau, Fux, Tartini, Kirnberger, and contemporary studies (after 1850) in music theory, music psychology, and acoustics: Hauptmann, Helmholtz, Riemann, Stumpf, Schenker, Halm, Schoenberg, Kurth, and others. By this means he acquired

---

[21] Bei Guido wird mehrfach auf seine Methode, nach der *sich alles singen läßt, was* [in Buchstaben, Worten] *geschrieben ist* (so die Karte), also die Übertragung von Silben in Töne, verwiesen.

[22] So in *Methoden der Musiktheorie*, in: Hindemith, *Aufsätze, Vorträge, Reden*, S. 177–186 (vgl. S. 180).

an extensive knowledge of music theory, its history, and related subjects which served him in good stead throughout his teaching career.[23]
Der Blick des Lehrers und Praktikers äußert sich in vielen Details. Er stellt eigene Übersichten, englische Schlagworte und übersetzte Zitate zusammen, hat aber auch Interesse an der zeitgenössischen Vermittlung des Stoffes: neben Nikolaus Listenius und Heinrich Faber (letzterer war ihm offenbar so wichtig, daß er mehrfach seine Rolle als *neben Listenius das beliebtestes Schulbuch seiner Zeit* erwähnt, einmal auch mit falscher Zuschreibung)[24] und einer eigenen Überblickskarte *Musiklehrbücher der Humanistenzeit/Schünemann*[25] weist er etwa bei Marchettus von Padua (nach Riemann) auf den *psychol.* Hinweis für Sänger zur richtigen Intonation beim zweiten Halbtonschritt abwärts hin. Großer Wert wird daneben wohl auch auf Anschaulichkeit gelegt, etwa wenn bei Boethius die einschlägigen Stellen aus Dante hinzugefügt werden – allerdings samt deutscher Übersetzung[26], die wohl nicht in erster Linie für die amerikanischen Studenten gedacht gewesen sein kann. Die Formulierung zu Coclico – *Das Werk ist deswegen besonders wertvoll, weil C, als Schüler Josquins, eine Unterweisung [!] in der Musik geben will, wie er sie selbst von seinem Lehrer empfangen hat. Von der Mensuraltheorie handelt der zweite Teil* [...] – ist vielleicht auch ein Hinweis darauf, daß Hindemith hier Aspekte seiner eigenen Unterrichtsgrundlagen wiederzufinden glaubte.

---

[23] D. Neumeyer, *The music of Paul Hindemith*, New Haven u.a. 1986 (Composers of the 20th Century), S. 24, zur Anstellung in Berlin 1927; leider sind dort keine schriftlichen o.ä. Belege angeführt.

[24] Diese Bemerkung findet sich (durchgestrichen) auch bei *Faber, Nikolaus aus Bozen (Vuolazanus) 16. Jhdt.*

[25] Sie lautet: – *Griechische & lat. Poeten Autoritäten statt der Kirchenväter / – Überlegenheit gegenüber frühere Zeit: Gedruckte Bücher, nicht mühseliges Aufschreiben an Wandtafeln. / – Zahl der Schulbücher wächst in der Reformationszeit / – In den Lateinschulen täglicher Musikunterricht. Viel öffentlicher Musikdienst der Schüler. / – Methode: Erst Regel – dann Beispiel – dann Wiederholung. / – Die beiden berühmtesten Lehrbücher: Heinrich Faber, Listenius. Faber wird meist für die Unterstufe, Listenius für die Oberklassen benutzt.*

[26] *Divina Comedia*, *Paradiso* X, 124–129, die Übersetzung ist diejenige Gildemeisters.

Möglicherweise ist bei der Bewertung seiner erkennbaren Parteilichkeiten zu berücksichtigen, wann erkennbare Sympathien oder Abneigungen Hindemiths mehr mit den neuzeitlichen Historikern als den betreffenden Theoretikern selbst zu tun haben: Die vehemente, mit umfangreichen Eintragungen einhergehende »Ehrenrettung« Kirchers[27] entzündet sich weniger an Kirchers tatsächlichen Meriten als an Barbours Lob für Mersenne; außer Karten mit einer Inhaltsskizze der *Harmonie universelle* findet sich folgendes Barbour-Zitat:
M.M. 1635, gave the string lengths for equal temperament after Jean de Beaugrand. He had (1636) an excellent geometric approximation of his own, and even described the musical method of tuning by beats. He advocated equal temperament unreservedly. Mersenne is the greatest of the writers discussed, because of his modern attitude and his exhaustive treatment of the topic.
Dies könnte das als ungerecht empfundene Lob sein, dem dann in Zusammenhang mit Kircher widersprochen wird.
Ähnlich ist Riemanns Rolle, dem trotz seiner Allgegenwart als Autor eines monumentalen Geschichtswerks mitunter heftigste Vorwürfe gemacht werden – etwa bezüglich Zarlinos, in dessen Fall Riemanns Übersetzung von *terze* als Singular moniert wird:
Riemanns Zitate aus Zarlino sind an manchen Stellen glatte Fälschungen – der Singular Riemanns ›la terza‹ gibt einen völlig entgegengesetzten Sinn als Z.ˢ ›le terze‹ – teils absichtliche oder fahrlässige Mißdeutungen und Unterstellungen. Ob er wirklich ein Schwindler war, dem alles zur Unterstützung seiner eigenen Theorie erlaubt zu sein schien, oder lediglich ein ungenauer Interpreter in einem verhältnismäßig unbegangenen Gebiete? Das erste scheint zuzutreffen, nach anderen Verdrehungen in der Gesch. d. M. Th. zu urteilen!
Es scheint sich dabei um folgende Stelle zu handeln: *Ma perche gli estremi della Quinta sono inuariabili & sempre si pongono contenuti*

[27] Vgl. Traub, *Eine Ehrenrettung.*

sotto vna istessa proportione (lasciando certi casi, nei quali si pone imperfetta) però gli estremi delle Terze pongono differenti tra essa Quinta, so in der Ausgabe der *Istitutioni harmoniche* bei Senese, Venedig 1573[28]. In vergleichbarer Weise wird die Riemannsche Einschätzung des Mailänder Traktats kritisiert[29], zu der Hindemith anmerkt: *Riemann verrenkt und verdreht, um den Autor seinen vorgefaßten Meinungen anzupassen. / Z.B.: Der Beginn des Organums mit (8) oder (1) ist nicht neu – Der (1)-Anfang kommt schon in der Mus.*[ica] *ench.*[iriadis] *vor, und nach Guido kann der Anfang beliebig sein.*

Die Aufmerksamkeit, die Hindemith instrumentalpraktischen Fragen und besonders Kollegenstreitigkeiten[30] entgegenbringt, scheint zumindest teilweise auf sehr persönliche Ansichten zurückzugehen. So dürfte das Interesse an Lehrwerken für Instrumentalisten sicherlich durch seine Auffassung des ›Musikers‹, der – wie sehr lange auch üblich – selbst möglichst viele Instrumente zumindest handhaben können soll, motiviert werden. Im Buch *Theorie I* etwa werden unter diesem Gesichtspunkt bei Bartholomäus Anglicus die Kapitel *De tuba ... De buccina ... De tibia* hervorgehoben.[31] In den Exzerpten zu Hieronymus de Moravia wird eine Bemerkung zitiert, daß es sich hier um die *älteste Methode für Streicher* handele[32], in ähnlicher Weise ist das *Lob der Viola* (welchen

---

[28] Bei Riemann, *Geschichte der Musiktheorie,* S. 393, heißt es hier tatsächlich *gli estremi della Terza.* Allerdings zitiert Riemann eine andere Ausgabe (*Tutte le opere* 1589), so daß der Vorwurf der Fälschung vielleicht nicht unbedingt gerechtfertigt ist.

[29] Die angegebene Stelle bei Riemann (S. 86–88) bezieht sich wohl ebenfalls auf die *Geschichte der Musiktheorie.*

[30] *He took a special delight in quoting the spirited insults that Medieval and Renaissance theorists of contrary persuasion were wont to hurl at each other in their tracts*, vgl. Richter, *Paul Hindemith as Director*, S. 151.

[31] Die Quelle ist H. Müller, *Der Musiktraktat in dem Werke des Bartholomäus Anglicus* De proprietates rerum, Riemann-Festschrift 1909.

[32] Das Zitat stammt aus Simon Cserba, *Hieronymus de Moravia. Tractatus de Musica*, Regensburg 1935, hervorgehoben sind die Datierung, ein Kapitel über *Kompositions- und Gesangsregeln* und das Kap. 28 *Über Rubeba und Vielle (älteste Methode f. Streicher).*

Instruments auch immer) bei Johannes de Grocheo vermerkt.[33] Eine weitere Kuriosität, die Hindemiths Neugier geweckt haben muß, sind die *Instrumenta Iheronymi*[34], die mehrfach auftauchen: in den Einträgen zu Kircher, Mersenne und Hrabanus Maurus.
Mit welch großem Interesse und unverhohlenem Vergnügen Hindemith darüber hinaus besonders Kontroversen notiert, dürfte schon aus den hier in anderen Zusammenhängen wiedergegebenen Kommentaren hervorgehen; ein anderes besonders ausführliches Beispiel ist die Zusammenfassung des Streits Ramis–Burzius–Gafori–Spataro, die auch vermerkt, wie *flegelhaft* o. ä. die Repliken der betreffenden Autoren sind.

III

Weitere ausführliche Materialien sind in einem braunen Ringbuch mit Unterrichtsvorbereitungen (beschriftet »Yale, Kurse«, im folgenden *Unterrichtsvorbereitungsbuch*) erhalten. Es enthält Abteilungen zu folgenden einzelnen Kursen: *T 41 I History*, *T 41 II Basic Pri*[*nciples*], *T 41 VI Teaching*, *C 33 Ex. in Comp.*, *Majors*, *Harvard*, *History*, *Basic Principles*. Der inhaltliche Verlauf einzelner dieser Kurse ist anhand datierter Listen gut rekonstruierbar; diese Listen führen nur Daten und Themen einzelner Stunden auf (s. Anhang I). Dazu gibt es jeweils ausführlichere Skripte mit detaillierten Stichpunkten für den Vorlesungsverlauf.
Vergleicht man die Karteikarten mit den Skripten zu den Vorlesungen, läßt sich gut rekonstruieren, wie die Karten in den Vorlesungsverlauf eingefügt werden. Entweder die Texte der Karten selbst werden in Hindemiths Skript übertragen, oder es wird explizit auf sie verwiesen (etwa mit einer Anweisung *read* ... entsprechend den exzerpierten

---

33 Wobei natürlich Grocheo wegen seiner großen Bedeutung – *Most considerable information concerning medieval music prior to 1300* [...] (so nach Reese) – wohl besonders genau gelesen wurde.

34 Zu dieser Tradition vgl. Reinhold Hammerstein, *Instrumenta Hieronymi*, in: *AfMw* (16) 1959, S. 117–134.

Quellentexten). Es kann im Skript auch nur das Thema genannt sein, zu dem dann die Karten in der Regel besonders umfangreich sind. Diese Vorgehensweise gilt modifiziert wohl für die meisten Vorträge Hindemiths; ein einfach zugängliches Beispiel für diese Methode der Vorbereitung findet sich im Vortrag *Musik und Musiker in alter und neuer Zeit* mit seinen einmontierten Quellenauszügen.[35]
Besonders deutlich wird die Arbeitsweise in den Vorlesungsvorbereitungen betreffend Hucbald bis Guido von Charlieu[36], wo die Aufteilung des Materials auf die Karteikarten und die dort gesammelten Texte zum Teil wörtlich übernommen werden. Die Karten zu Guido haben beispielsweise eine Gliederung mittels Großbuchstaben, die identisch auch im Skript erscheint; da hier die Karten ausführlicher sind, ist als Reihenfolge der Benutzung wohl Karte – Skript (– eventuell Rückverweis) anzunehmen; die hierzu zu lesenden Texte Guidos (aus *Micrologus* und *Epistola*) sind wiederum in der Sammlung *Theorie I* enthalten. Als zweites größeres Thema folgt die *Musica enchiriadis*, zu der verschiedene Bewertungen, Datierungs- und Zuschreibungsfragen wie auf den Karten rekapituliert werden, vielleicht besonders gerne, da Hindemith von Kornmüller die Bewertung der *Musica enchiriadis* als *eines der methodisch am besten angelegten alten Theoriebücher* übernimmt. Die Anweisung zur Erklärung der Dasianotation – *Lesen Schlecht/Strunk* – bezieht sich vermutlich auf Raymond Schlechts deutsche Übersetzung[37] und die Auszüge aus den *Scholia Enchiriadis* bei Strunk, *Source Readings*. Nach Ausführungen über das Organum und Regino von

---

[35] *Musik und Musiker in alter und neuer Zeit*, in: Hindemith, *Aufsätze, Vorträge, Reden*, S. 187–202, Anmerkungen S. 343 (dort sind z.B. angeklebte Zitate beschrieben).

[36] Es handelt sich um die Abschnitte *Harvard/History 6–9* im Unterrichtsvorbereitungsbuch.

[37] Es handelt sich wohl um Raymond Schlecht, *Musica enchiriadis und Scholia, übersetzt und mit kritischen Anmerkungen begleitet*, in: *Monatshefte f. Musikgeschichte* 1874; auch von diesem Aufsatz besaß Hindemith eine Kopie aus der Yale University Library.

Prüm folgt (offenbar aus dem zu Regino zitierten Aufsatz[38] übernommen) Boethius' Definition des Musikers – *Is itaque musicus est, qui ratione perpensa canendi scientiam non servitio operis, sed imperio speculationis adsumpsit.* Vielleicht soll das Zitat als Überleitung zu den mathematischen Überlegungen dienen, die im folgenden an Odo von Clunys Monochordeinteilung demonstriert werden, unter Hervorhebung seiner zweifachen Verwendung: *It is used as musical instrument (to teach the boys) and as an instrument of measurement.*[39] Die Vorgehensweise bei Guido von Arezzo wurde schon oben beschrieben. Die weiteren Themen sind die Entwicklung von Hermannus Contractus bis John Cotton; hier wird auf die schon andernorts erwähnte Karte mit der Einteilung in ›Fortschrittliche‹ und ›Konservative‹ im 10. und 11. Jahrhundert, die in der Karteikartensammlung nach Odo eingeordnet ist (s. u. Fußn. 47), verwiesen.

Der folgende Unterrichtsabschnitt (*Organum- und Déchant-Traktate 12. Jahrhundert*) behandelt der Reihe nach die in den Karteikarten aufgeführten Traktate, für die als Quelle in der Regel Coussemaker angegeben wird; in recht großem Umfang finden sich auch Exzerpte aus diesen Texten in *Theorie I.*[40] Auffällig ist das Maß, in dem etwaige Notenbeispiele der Vorlagen (die meistens wohl aus Riemann, *Geschichte der Musiktheorie* übernommen sind, wenn auch häufig in C-Schlüssel übertragen) auch im Unterricht durchgearbeitet zu werden scheinen. Besonders am Beispiel von *Quiconques veut déchanter* wird Hindemiths Unterrichtsweise sehr deutlich, weshalb die Anweisungen

---

[38] Utto Kornmüller, *Die alten Musiktheoretiker VIII*, in: *Kirchenmusikalisches Jahrbuch* 1886. Diese (sich über mehrere Jahrgänge des *KmJb* erstreckende) Aufsatzserie Kornmüllers besaß Hindemith als Kopien, vermutlich aus Yale.

[39] Auf einer anderen Karte wird der pädagogische Aspekt noch stärker akzentuiert: *Neuheit im Unterricht: Schüler regulieren ihre Töne nach dem Monochord; dieses wird praktisches Hilfsmittel.*

[40] Vor allem *Ad Organum faciendum* (Mailänder Traktat), *Quiconques veut déchanter*, Gui de Charlieu, Anonymus 2 (*Tractatus de Discantu*), *De arte discantandi* und *Quaedam de arte discantandi.*

hier wiedergegeben werden sollen. (Die Unterstreichungen stehen für Eintragungen mit rotem Stift.):

(Anonymus 3) [eingefügt] *Riem S. 99* [deckt sich mit der Übersetzung]
Lesen und an der Tafel ausarbeiten lassen.
Über die lat. Fassung: Riemann 102
besonders über die eingefügten Töne!
An die Tafel schreiben! [spätere Hinzufügung?]
S. Graues Buch.

Wegen der Hervorhebungen im Text scheint der Frage nach der Möglichkeit eines ›Auszierens‹ der Gegenstimme offenbar besondere Bedeutung zugemessen zu werden: entsprechende Stellen finden sich zum Mailänder Traktat als *frangere voces*, zu Johannes Cotton (als *duplicare*, *triplicare* und *conglobare* der Organalstimme im Kapitel 23, das offenbar nach Riemann[41] vorgetragen werden sollte) und zur lateinischen Fassung des *Quiconques veut*. Das bei dem Text *De arte discantandi* wohl mit Vergnügen hinzugefügte Sprichwort *Gaudent brevitate moderni*[42] (rot unterstrichen, deshalb handelt es sich wahrscheinlich nicht um die ebenso überschriebenen Texte) läßt nur mutmaßen, an welche *moderni* Hindemith dabei gedacht haben mag ...

IV

Bei der Betrachtung der Materialsammlung für den Unterricht darf nicht außer acht gelassen werden, daß Hindemiths Verständnis von Musiktheorie diesem Fach eher die Material- und Grundlagenkenntnisse zuteilt und damit notgedrungen derartige Fragen auch in der historischen Entwick-

---

[41] Vgl. die Übersetzung des entsprechenden Kapitels *De Diaphonia i. e. Organo* in: Riemann, *Geschichte der Musiktheorie*, S. 92–94.

[42] Das Motto (ursprünglich der zweite Teil eines Hexameters *Longa solent sperni ...*) war verbreitet als Überschrift von Kompendien zu Francos Theorie; vgl. F. Alberto Gallo, *Die Notationslehre im 14 und 15. Jahrhundert*, in: *Die mittelalterliche Lehre von der Mehrstimmigkeit*, Darmstadt 1984 (Geschichte der Musiktheorie 5), S. 266.

lung das größte Interesse finden.[43] Insofern scheinen ihm besonders die antiken (oder in irgendeiner Form dem *artes*-Modell verhafteten) Autoren nahezustehen. Zur Neuzeit hin nimmt die Bearbeitungsdichte kontinuierlich ab (obwohl dabei auch die zunehmende Vertrautheit mit dem Material eine Rolle spielen mag), und die mindestens ab dem frühen 17. Jahrhundert verstärkte Diskussion um die Ausdrucksmöglichkeiten der Musik fällt völlig aus der Betrachtung. Die einschlägigen Theoretiker werden äußerst stiefmütterlich behandelt: z. B. werden für Joachim Burmeister, Girolamo Mei und Giovanni Battista Doni einzelne Werktitel nur offensichtlich nachträglich und in Eile hinzugefügt (allerdings manchmal mit Signaturen, vermutlich aus der Bibliothek in Yale); zu Christoph Bernhard und Johann Mattheson etwa gibt es nur die Lebensdaten.

Natürlich kann auch in der damit einhergehenden Verlagerung des musiktheoretischen Diskurses auf ästhetische und stilistische Fragen die Ursache für die generell weniger extensive Materialsammlung liegen. Dennoch ist grundsätzlich Stil für Hindemith ein zwar immer zeitgebundenes Phänomen, das aber nach seinem Konzept durchaus in den Bereich der Musiktheorie gehört.[44] Aus der gewollten Verquickung von Theorie- und Kompositionsunterricht[45] ergibt sich ohnehin ein deutliches Bewußtsein für Praxisnähe und Anwendbarkeit.[46] In diesem

---

[43] Beispielsweise spricht er von der *Unterweisung im Tonsatz* im Entwurf für das Vorwort der 2. Auflage als von *einige*[n] *tausend Exemplare*[n] *eines Buches über Musiktheorie*; vgl. G. Schubert, *Vorgeschichte und Entstehung der »Unterweisung im Tonsatz. Theoretischer Teil«*, in: *Hindemith-Jahrbuch* 1980/IX, S. 16–64. Dazu (passim) G. Schubert, *Paul Hindemith: Theorie und Praxis*, in: *Musik und Theorie*, hrsg. von R. Stephan, Mainz u.a. 1987 (Veröff. des Inst. f. Neue Musik u. Musikerziehung Darmstadt 28), S. 56–73.

[44] Denn da bislang die Musiktheorie noch nicht – wie es der Idealfall wäre – das Material des Musikers ein für allemal erklären gekonnt habe, müsse sie analytisch auf die Werke eingehen. Damit nähert sie sich einer »historischen Stillehre«, vgl. Schubert, *Theorie und Praxis*, S. 68/69. Zu Trennung in generelle und spezielle Theorie vgl. auch Hindemiths Texte *Methoden der Musiktheorie* und *Music Theory*, beide in: Hindemith, *Aufsätze, Vorträge, Reden*, S. 177–186 bzw. 237–252.

[45] Vgl. *Musikerziehung, warum, wie und wozu*, in: Hindemith, *Aufsätze, Vorträge, Reden*, S. 271 (Stichworte bei *nur Materialkenntnis*).

[46] Im Konvolut *1200–1400* gibt es z. B. eine Karte, die als *Themen der MTh* nennt:

Zusammenhang steht beispielsweise die Bewertung Hindemiths, daß der bzw. ein *Höhepunkt mittelalterl. Musiktheorie* bei Hermannus Contractus, Berno von Reichenau, Wilhelm von Hirsau, Theoger von Metz und Aribo Scholasticus liege, weil hier ein brauchbares System aufgestellt sei; er umschreibt ihre Errungenschaften mit einem Vokabular, das seinen eigenen programmatischen Äußerungen entspricht.[47]
Hindemiths amerikanische Schüler haben die Art der Vermittlung so aufgefaßt, daß ein direkter Gegenwartsbezug (so auch im Falle Fux', s. u.) von ihm durchaus – oder zumindest auch – intendiert war. Aufschlußreich ist hier der Bericht Eckart Richters:
He had a special knack for imbuing the thoughts and quotations of the ancient and medieval authors with a quality of contemporaneousness. Somehow their preoccupations and concerns acquired an urgency that made them credible and real. However, he always took care to sift the essential from the unessential and to highlight original contributions in favor over eclectic works.[48]
Eines von Hindemiths Lieblingszitaten stammt aus Johannes Chrysostomus, *Exposition of Psalm 41*, zu dem auf der einschlägigen Karte einzelne Passagen (in der bei Strunk gegebenen Übersetzung, mit Seitenzahlen) angegeben sind. Richter beschreibt auch diese weitere Verkürzung von Quellentexten: *He made a digest of Strunk's excerpt, pulling together the few sentences that seemed most relevant to him as a musician.*[49]
Das Ziehen von Parallelen zwischen historischen Situationen und der eigenen Zeit benutzt Hindemith ohnehin immer wieder zur Verdeutlichung (bzw. impliziten Stärkung) seiner eigenen Position:

Stimmführung – Konsonanzen der Zusammenklänge – Solmisation (seit Ende d. 13. Jhdts) – Notation von Rhythmen.

[47] Auf diese Karte weist auch Traub, *Eine Ehrenrettung*, S. 158f. hin: *Höhepunkt mittelalterl. Musiktheorie in folgenden Theoristen. (Süddeutsche Konservative)* [...] *Volle Ausbildung der Choraltheorie / Theorie der Tonarten / Vollständiges, endgültig geordnetes Tonsystem / Praktische Rücksichten, Erziehung der Sänger.*

[48] Vgl. Richter, *Paul Hindemith as a Director*, S. 151.

[49] Ebd., mit der Textfassung, die den Angaben Hindemiths entspricht.

Es ist vielleicht nutzlos, verschiedene Geschichtsepochen miteinander zu vergleichen. Wir sehen zwar zu verschiedenen Zeiten ähnliche Situationen, auch die Ursachen und Wirkungen späterer Ereignisse können die gleichen sein wie diejenigen früherer Vorkommnisse. Da aber offenbar die Nachfolger keinerlei Lehre aus den Erlebnissen ihrer Vorfahren ziehen und sogar offensichtliche Fehler bewußt wiederholen, kann ein Vergleich kaum fruchtbar sein. Wenn ich trotzdem die Lage der Musik und der Musiker (d.h. der Komponisten) zur Zeit des dreißigjährigen Krieges mit der unsrigen vergleiche, so bin ich völlig überzeugt, damit nichts zu irgendwelcher Besserung heutiger Übelstände beizutragen. Der einzige Nutzen, den uns dieser Vergleich bringen kann, ist die klare Erkenntnis dessen, an dem unsere Musik krankt.[50]

Besonders anläßlich der Übernahme von Aufgaben der Lehre (wie schon der Berliner Professur 1927) hat Hindemith die teilweise eigenwillige intensive Beschäftigung mit der Theorie auch produktiv für die eigene Theorie (und ihre Legitimierung) genutzt. In diesem Zusammenhang sind die zahlreichen Verweise auf die (ältere) Musiktheorie und -geschichte in Hindemiths Vorträgen und Aufsätzen bemerkenswert; es seien hier nur beispielhaft der Verweis auf Boethius in *Musik und Musiker in alter und neuer Zeit*[51] oder – auf weniger programmatischer Ebene – die in *Sterbende Gewässer* aufgeführten Details (Glareans drei Tonarten bei Bänkelsängern, Benennung des Erhöhungszeichens als Kreuz um 1400)[52] genannt.

Zu dieser Art der Darstellung wäre vielleicht noch anzumerken, daß das Argumentieren mit Analogien von Hindemith durchaus auch sehr tendenziös eingesetzt werden kann: Die Hervorhebung des Kapitels mit Guido von Arezzos *Manier, durch Koinzidenz von Vokalen und Tönen*

---

50 So etwa 1940 in *Betrachtungen zur heutigen Musik*, in: Hindemith, *Aufsätze, Vorträge, Reden*, S. 131–176, vgl. S. 137.

51 Vgl. G. Schubert, *Im Geschirr des allgemeinen Narrenwagens*, in: *Hindemith-Jahrbuch* 1984/XIII, S. 44–65, hier S. 49.

52 Vgl. *Sterbende Gewässer*, in: Hindemith, *Aufsätze, Vorträge, Reden*, S. 314–336, hier S. 322.

Melodien zu »komponieren« wurde schon erwähnt. Natürlich darf deren Erwähnung dort, wo der Aufbau des Traktats skizziert wird, nicht überbewertet werden. Die mehrfachen Erwähnungen dieser Tatsache (und dann meist in Zusammenhang mit den bisher erfolglosen Versuchen einer Theorie der Melodie) stellen sich als grundsätzlich nichts anderes als die von Hindemith heftig befehdete Anwendung wesensfremder Strukturen zur Formgebung in der Musik dar – sei es andernorts als Vorwurf gegen die Zwölftonmusik oder als absurdes, auf die Spitze getriebenes Beispiel wie das »Komponieren« von Fieberkurven, Fahrplänen und Skylines (man denke an die *New York Skyline Melody* von Heitor Villa-Lobos)[53].

Wenngleich hier die Zeugnisse der Auseinandersetzung mit rezenteren Theorien nicht mit in die Betrachtung einbezogen werden sollen – da sie sich meist noch stärker auf kompositions-(vorgangs-)technische Fragestellungen beziehen –, sei dennoch beispielhaft auf den im Vortrag *Contemporary techniques*[54] vorgenommenen Vergleich zwischen William Hayes und Joseph Schillinger hingewiesen. Auch hier nimmt Hindemith keine Rücksicht auf historische Zusammenhänge, etwa, inwieweit Hayes sich eher auf Fragen des Stils bezieht, sondern versucht die – eigentlich nur rhetorisch überzeugende – Gleichsetzung *italian=scientific* auszunutzen.

Schillinger, dessen Konzept von »Durchmechanisierung« der Musik bis zum Verzicht auf den Künstler als Hindemiths eigenen Vorstellungen diametral entgegengesetzt auf größtes Mißfallen stößt, erscheint häufiger in Hindemiths Unterlagen. Beispielsweise werden zusammen mit den schon erwähnten Unterlagen zur Schönberg-Vorlesung[55] Exzerpte aus Schillinger verwahrt. Diese Aufmerksamkeit Hindemiths für Schillinger läßt sich auch aus den Erfolgen erklären, die dessen Konzept einer

[53] Vgl. Hindemith, *A Composer's World*, S. 123.

[54] *Contemporary Techniques in the conjectural opinion of a musician of the future* (Cleveland Institute of Music Lectures March 3rd, 1947).

[55] Vgl. Schubert, *Im Geschirr des allgemeinen Narrenwagens.*

»lernbaren Kunst« in den USA verbuchte und das Hindemith als »typisch amerikanische« Methode mißbilligte.

Hindemith charakterisiert in den Vortragsnotizen zu *Contemporary techniques* William Hayes' Schrift *The art of composing music by a method entirely new, suited to the meanest capacity. Whereby all difficulties are removed, and a person who has made never so little progress before, may, with some small application, be enabled to excel* (London 1751) als *Satire on italian Music of that time. Author thinks it is so lowgrade.* Hayes kritisiere vor allem die Ungebildetheit dieser Musik: *And then, as to Preparation, Resolution, Modulation etc, they have nothing to do with the true Gusto*; unvorbereitete Dissonanzen auf schweren Taktzeiten müssen keinesfalls vermieden werden, *for therein consists one of the greatest beauties of modern composition. This is meant as a satirical reflection. But compare it with some statements we heard so many times during the recent development of music.* Denn all dies sei nur möglich, wenn die Vertrautheit mit den grundlegenden Techniken darniederliegt: <u>*Nothing accidental, as far as technique is concerned!*</u> *One step further: Replace »Italian« by »scientific«, make all statements in all seriousness, then you have Schillinger.* [...] *A number of mechanical procedures can create compositions. Composers will be superfluos*[!], *machines will do their work.*

Im Zusammenhang mit derartigen Aktualisierungstendenzen steht wohl auch die schon oben angesprochene Vorliebe für Organum, Diskant und Kolorierung; sie mag vor allem darauf zurückzuführen sein, daß hier sehr früh ein Satz Note gegen Note erprobt wird, der den Übungen in der *Craft II* ähnlich sein soll. Der Annahme, Schering und Fux hätten Vorbildfunktion für Hindemiths Lehrmethoden gehabt, wird folgendes Zitat von H. Boatwright entgegengehalten:

The precedent for teaching by embellishing simple structures is much older than Fux. Hindemith's reference to Fux in the preface to Craft I *has to do only with what he perceived to be a similar situation in history, not in methodology. The precedent in methodology is much older than*

Fux. Hindemith used to mention one medieval treatise in particular, Petrus dictus palmus *[sic!]* ociosa, Compendium de discantu mensurabili *(1336) which gives twelve modes of elaborating note-against-note structures that Hindemith said were similar to the training exercises of* Craft II. *Still older examples are found in* Discantus positio vulgaris, Quaedam de arte discantandi, Quiconque veut deschanter, *and* Anonymous III *(a Latin version of* Quiconque*). Hindemith knew all of these treatises, so I doubt if there is a specific relation to Fux, and certainly no reason to assume that Schering was an influence.*[56]
Daß andererseits hinsichtlich dieser Themen der Hindemithsche Blickwinkel, der die gleichen Fragen noch beim (deutlich späteren) Pietro Aron akzentuiert – er ist *the first writer to declare obsolete the manner of composing successively the various parts of a polyphonic composition and to admit also in theory the already existing practice of composing all voices of a composition simultaneously* –, keinesfalls singulär ist, zeigt sich an den Anmerkungen Riemanns zu den Vorschriften Arons, die ihrerseits auf die Aktualität der Methode verweisen.[57]
Die Suche nach Aktualitätsbezügen ist es schließlich auch, die den Blick auf Fux gelenkt hat, der die Einleitung zu der *Unterweisung I* eröffnet.[58] Die oben zitierten Aussagen Boatwrights über Fux und Schering legen nahe, daß im Falle Fux' in der *Unterweisung* der Autor aufgrund äußerlicher Parallelen (nämlich eine derjenigen Hindemiths ähnliche historische Situation, in der die handwerklichen Grundlagen der Kunst verloren zu gehen drohen) anstelle seiner speziellen Theorien heran-

---

[56] Vgl. Neumeyer, *The music*, S. 47, Fußn. 33. Vgl. aber auch Jürgen Blume, *Hindemiths erste und letzte Fassung der Unterweisung im Tonsatz im Vergleich*, in: *Hindemith-Jahrbuch* 1991/XX, S. 71–109, zu Fux' Rolle S. 74.

[57] Riemann, *Geschichte der Musiktheorie*, S. 352f., lobt Arons Rat, zunächst die (veraltete) sukzessive Komposition zu erlernen, auch wenn sukzessive geschriebene Stimmen dazu tendieren, unsanglich zu werden; vgl. ebd., Fußn. auf S. 353: 1888 habe er [Riemann] (von der Fachwelt unbemerkt) als pädagogisches Mittel das sukzessive Vefahren wieder einzuführen versucht.

[58] P. Hindemith, *Unterweisung im Tonsatz I. Theoretischer Teil*, Mainz [2]1940, S. 15ff.

gezogen wird – Fux' Methode dagegen ist schon ein halbes Jahrtausend früher zu finden. Auch dieses Beispiel einer Verbindung zwischen historisch weit entfernten Erscheinungen, Techniken des 12. und des 18. Jahrhunderts, führt zu der Hypothese, daß es für Hindemith um Tradition statt Geschichte geht, der Zugriff auf die Ergebnisse der Geschichte und damit ein Gegenwartsbezug ist grundsätzlich überall gleichwertig möglich; die Fragen, die sich die Theorie stellen lassen muß, sind für Gui de Charlieu (daher das Zitat im Titel dieses Aufsatzes) und die eigene Zeit die gleichen.

Anhang I

Unterrichtsplanung
(Unterrichtsvorbereitungsbuch, Abt. *History T 41 I*)

Oct 3	Greek Theory. Ethos. Plato / Aristotle
Oct 10	Gr. Th. Tonsystem
17. 10.	Greek Theorists
24. 10.	Church fathers, Boethius, / Cassiodor, Isidor
31. 10.	Alcuin, Aurelian, Alia Musica / Musica Enchiriadis
7. 11.	Odo Hermann
14. 11.	Guido.
21. 11.	Cotton. Gregor. Chant
28. 11.	Gesungen. Organa etc. / St. Martial – Perotin
(5. 12.)	
12. 12.	bis Marchettus

(Unterrichtsvorbereitungsbuch, Abt. *Basic Principles / T 41 II*)
Sept. 28 – May 17

28. 9.	Vorbereitung / Comp. Material
5. 10.	Measurement / Pyth. System
12. 10.	Pyth. System / Overtones
19. 10.	Proportions, Series

26. 10. Natural System
2. 11. Nat. System. Commas / Complete Octave
9. 11. Odo's & Prosdocimus / Monochord / Comb. Töne
16. 11. Combination Tones
30. 11. Comb. Tones / Series II, I
[...]

Anhang II

Die folgende Aufstellung ist eine inhaltliche Auflistung der Karteikarten. Sie behält die originale Reihenfolge bei, nennt die Namen der Theoretiker und die jeweilige Anzahl der Karten. Wenn Hindemith nur Namen, Lebensdaten und evtl. einzelne Werke und Sekundärliteratur angibt, wird auf eine tabellarische Auflistung verzichtet, es handelt sich in diesem Fällen um einzelne Karten. Namensschreibweisen sind weitestgehend übernommen. Thematische Karten werden unter ihrer (kursiv wiedergegebenen) Überschrift aufgeführt.
Hindemiths eigene Bemerkungen sind durch Anführungszeichen kenntlich gemacht, Zitate aus Quellen zusätzlich durch Kursivierung. Hervorhebungen Hindemiths (Markierungen, roter Stift) werden als Unterstreichungen wiedergegeben. Von der Herausgeberin hinzugefügte Erläuterungen, Zusammenfassungen etc. stehen in eckigen Klammern, von Hindemith selbst angegebene Quellen in runden Klammern.

I Greeks / Romans / Church Fathers

Pythagoras
»[...] Älteste Nachricht über seine Theorie. Euklid (ca. 300 v. Chr)«

Damon
»[...] In Plato erwähnt: [Laches;] Rep.: wo er als Autorität für rhythmische Fragen angeführt wird [...]«

Philolaos von Kroton

»*Das Gleiche und Verwandte nun bedürfte der Harmonie nicht; dagegen müßte das Ungleiche, nicht miteinander Verwandte und in nicht gleicher Weise Geordnete durch eine solche Harmonie zusammengeschlossen werden, durch die es in einem Kosmos festgehalten werden sollte.* [und: Größe der Harmonie] (aus W. Capelle, Die Vorsokratiker)«

Archytas v. Tarent

Platon 3 Karten

[Strunk]; »blue card / black book

›*Music strictly so called plays a great part in Plato's scheme of education.* [...] *In this desire for simplicity and fixity in music Plato was probably* <u>*opposed*</u> *to the tendencies of his own age. The severe harmony which had once distinguished Hellenic art was passing out of favour: alike in architecture, sculpture, painting, literature, and music, richer and more ornate styles prevailed. We regard the change as inevitable, and not perhaps wholly to be regretted: to Plato it was a cause rather than a sign of the decline of Hellas.*‹ (Iowett II p. 896, index)«

Aristoteles 2 Karten

[Strunk]; »Black book«

Aristoxenos 4 Karten

[Strunk]

[angeklebter Zettel:] »Harmonik: unvollständig. Gibt kaum das Wesentliche seiner Theorien, dies ist vielmehr in Kleonides u.a. zu finden. – Ausführliche Lebensbeschreibung etc bei Macran

[...] Schüler und Freund des Pythagoräers Xenophilus von Chalcis. Soll Antipathie gegen Lachen gehegt haben. Corinth, befreundet mit dem exilierten Dionysius. Schließlich Peripatetiker u. Schüler des Aristoteles.

Hoffte, dessen Nachfolger zu werden; enttäuscht durch die Wahl Theophrasts.
Anmerkungen Macran's zu den verschiedenen Ausgaben [...]«

Euclides 3 Karten
[Vermerk] »Theorie [I]
[angeklebter Zettel:] ältester Bericht über Pythagoras' Theorien der Musik (Pyth. 6. Jhdt v. Chr.) Monochord-demonstration.
Die wichtigsten Theoreme aus Euklid:
9) Die Summe von 6 Ganztönen (8:9) ist größer als die Oktave: [...]
19) Kanon. Unbewegliche Töne [...]
20) Kanon. Bewegliche Töne [...]
Er gibt zum ersten Mal das systema teleion in seinem ganzen Umfang an. Es hat sich wohl schon vorher entwickelt, obwohl Aristoxenos noch nichts von den Tetrachorden Hypaton & Hyperbolaion sagt (Wantzloeben)«

Einige (3) anonyme Kanon-Einteilungen
»gibt Ruelle als Anhang zu Euklid. [...] Die hier gezeigten Monochord-Einteilungen sind dieselben die sich später immer wieder finden (Odo, Guido, etc)«

Eratosthenes
»[...] Einzelne Notizen über Musik und Musikinstrumente in Katasterismen; [...] Seine Tetrachordeinteilung ist durch Ptolemäus überliefert.«

Varro, M. Terentius 2 Karten
»[...] Brambach (Die Musikliteratur des Mittelalters): V. nimmt Studium der Musiktheorie in Encyclopädie d. Wissenschaften auf, seitdem wesentlicher Bestandteil d. Jugendunterrichts. Gefahr: Durch zu strenge Bindung an Philosophie & Arithmetik Entfremdung von lebendiger

Musik. Varros Abhandlung später verloren, erwähnt bei Cassiodor, Institutiones II.

Definiert als erster die Artes liberales:

Trivium:	Grammar	Quadrivium:	Geometry (Immovables)
	Dialectic		Astronomy (Movables)
	Rhetoric		Arithmetic (Absolute)
			Music (Relationship)

zählt aber auch Medizin u. Architektur dazu

Offenbar der erste, der (in den ›Disziplinen‹) den Ausdruck ›Musica est scientia bene modulandi‹ gebraucht. [...]

Hier finden wir die Musik zusammen mit der Geometrie, der Wissenschaft welche sich mit dem Messen von unbeweglichen Flächen und Körpern befaßt. Mit der Astronomie als der Wissenschaft welche das Sichbewegende mißt; mit der Arithmetik, die sich mit dem Absoluten befaßt und mit abstracten Nummern ihre Maße ausdrückt. Das Maßnehmen der Musik bezieht sich auf die Proportionen, welche die Dinge in ihrer quantitativen und räumlichen, aber auch in ihren biologischen und geistigen Beziehungen einnehmen. P.H.«

Didymos 2 Karten

»[...] Seine Tetrachordeinteilung: [...] also nicht die Pythagoräische 64:81 (sondern: 64:80). Nach ihm benannt: Unterschied zwischen Grossem und Kleinen Ganzton (Natürlicher und Pyth. Terz) didymisches (sintonisches) Komma 80:81 [...]«

Philodemus

»Musikfeind. Gegen die Ethoslehre (s. Abert)«

Plutarch

»historical, theoretical, legendary«. »Blaues Buch I«

(Pseudo)-Aristoteles 2 Karten

[Vermerk] »Theorie [I]; Magadisieren [...]«

Aristides Quintilianus 4 Karten

[Vermerk] »Theorie [I]; ›*information concerning certain aspects of the old Music of Plato's Time*‹ (Reese)

Ch. M. Ruelle, Le musicographe Aristide Quintilien: [...] A.Q. war den arabischen Theoretikern bekannt; Spuren bei Alfarabi [...]

Gevaert: ›... *superieure à celle de tous les autres textes musicographiques, et que certains matériaux traités par lui sont absolument inconnus aux autres écrivains, par exemple le programme complet de l'enseignement musical, des échelles enharmoniques des très anciens et le chapitre de la mélopée.*‹ ›*Aristides et Bryenne sont les deux sources principales pour la partie de la composition musicale relative aux figures mélodiques.*‹ (Gevaert) ›*la partie métrique est au-dessous du médiocre*‹ (ibid., ebenso Westphal)

L'auteur du [Peri mousikes] *n'a certe mérité ni cet excès d'honneur, ni cette indignité* [...] *dont l'étude approfondi et méme la simple lecture sont les plus dignes de notre attention.*

En résumé, A. Q. est, si l'on veut, un écrivain médiocre [...] *parfois suspect, notamment en métrique; sa philosophie confine au mysticisme;* [...] *Je terminerai cette étude par une simple question à poser aux rares musicologues qui ont contesté sa valeur historique: pousseraient-ils leur dédain jusqu'à prétendre que la perte de son traité ne serait pas regrettable?*

Deiters (Über das Verhältnis des Martianus Capella zu A.Q.): ›*Das Werk* [...] *hat* [...] *manchen Darstellungen späterer Zeit eine willkommene Grundlage geboten* [...] *bis ins späte Mittelalter mehrfach benutzt und ausgeschrieben worden.* ‹

Ruelle: In 4 griechischen Schriftstellern finden sich Angaben über Notation [... Stellen, v.a. Alypius]«

Ptolemäus, Aurelius Claudius 3 Karten

[Vermerk] »Theorie [I]; über Gogavinus' Ausgabe s. Aristoxenus, gelbes Blatt

Die Kapitel II 5–11 übersetzt in O. Paul's ›Boetius‹

Ptolemäus gibt folgende Tetrachordeinteilungen (nach Paul, Boetius): diatonisch: Archytas: [...] Aristoxenus: [...] Eratosthenes: [...] Didymus: [...] Ptolemäus: [...]
Chromatisch [dieselben]
Enharmonisch [dieselben; zu Archytas, Didymus, Ptolemäus:] natürliche Terz 5/4 (386), nicht pythagoräische 81/64 (408)«

Kleonides 3 Karten
[Strunk]; »(Macran, Aristoxenus): ... *one Cleonides of whom nothing else is known. It exhibits a strong resemblance to the doctrine and arrangement of the ›Harmonic Elements‹ of Aristoxenus.*
[...] bei Kleonides findet sich zum erstenmal die später so oft wiederkehrende Einteilungen [sic] von Diatessaron ~~und~~ Diapente und Diapason in Gattungen, je nach der Verteilung der Intervalle ((4) = 3, (5) = 4, (8) = 7)«

Nicomachus 2 Karten
»Bei ihm tritt zum ersten Mal die Bezeichnung ›Monochord‹ auf (Wantzloeben)«

Sextus Empiricus; Gaudentios
»Macran (Aristoxenus): *His ›Introduction to Harmonic‹ is an eclectic work combining Aristoxenean, Peripatetic, and Pythagorean schools.*«

Theo von Smyrna

Pollux (Polydeukes) Julius
»Wörterbuch: Onomastikon, auch einiges über Musik enthaltend.«

Athenaios aus Naukratis in Ägypten 2 Karten
[Strunk]; »Deipnosophistai (›Dinner-Table Philosophers‹)«

Porphyrius; Jamblichus; Alypius

Bacchius senex (ho geron) 2 Karten

»[...] Macran (Aristoxenus): *The so-called ›Introduction of Bacchius‹ is a mass of excerpts of unequal value, some showing agreement with the doctrines of Aristoxenus, and some directly contradicting it.*«

Proclos

»Neopythagorean Symbolism«

Martianus Capella 2 Karten

»Hermann Deiters: Über das Verhältnis des Martianus Capella zu Aristides Quintilianus. 1880

p. 21 ›*1. Martianus benutzte in seiner Darstellung der Rhythmik und Harmonik den Aristides Quintilianus selbst, und hatte nicht etwa eine mit ihm gemeinsame Quelle; 2. er benutzte aber nicht ihn allein, sondern hatte neben ihm noch andere Quellen; und zwar war zunächst in dem einleitenden Abschnitte* [...] *wahrscheinlich Varro seine Quelle* [...] *3. es kommt ihm nirgendwo auf sorgfältige oder sinngetreue Wiedergabe seiner Vorlage an, und seine eigene Kenntnis des Gegenstandes ist eine so mangelhafte, daß er meist den eigentlichen Sinn dessen, was er mitteilt, gar nicht versteht.*‹«

Church Fathers

»*In dem ersten Verzeichnis der Väter, einem Dekret aus dem Jahre 495, das den Namen des Papstes Gelasius trägt, werden als Kirchenväter bezeichnet Männer, ›die in nichts von der Gemeinschaft der römischen Kirche abgewichen sind, noch auch sich von ihrem Glauben und ihrer Lehrverkündigung entfernt haben, die vielmehr mit der Gnade Gottes bis zu ihrem Lebensende in Gemeinschaft mit ihr standen*‹.« (Reese, p. 61 ff.)
[...]

Clemens v. Alexandrien 2 Karten

»Aus O. Strunk's Buch [*Exhortation to the Greeks*]«

St. Basilius 2 Karten
»From the Homily on the First Psalm from O. Strunk's Book«

St. Johannes Chrysostomus 2 Karten
»from Exposition of Psalm 41 from O. Strunk's Book«

St. Hieronymus
[Strunk]; »Die Septuaginta (LXX): griechische Übersetzung des alten Testaments. 3.–1. Jhdt vor Chr, angeblich durch 70 Gelehrte in Alexandrien.
Eitner: ›*Seine Abhandlung Epistola Hieronymi ad Dardanum enthält Nachrichten über Instrumente und auch über die Orgel (siehe Näheres bei Fétis).*‹« [...]

Augustinus, Aurelius 2 Karten
»Seine Werke enthalten Wichtiges über die Musik in der ältesten christl. Kirche (ambros. Gesang) / Freund von Ambrosius, von ihm getauft« [Strunk]

II Boethius / Mus. ench. / Odo / Guido // Arabians // Discant

Boetius, An[i]cius Manlius Torquatus Severinus 4 Karten
»Ruelle (Kleonides): [...]
Dante über Boethius (Par. X, 124–129); [zu ›Cieldauro‹:] Sein Grab zu S. Pietro in Pavia, ›goldener Himmel‹ genannt
Boethius' Monochord (Inst. Mus. IV. Buch) kann natürlich besser demonstriert werden, wenn man 283 statt 36 nimmt. [...]«

Martin Gerbert (1720–1933 [recte 1793]):
»Scriptores ecclesiastici de musica sacra potissimum 1784 Neudrucke Graz 1905 Mailand 1936
Charles Edmond Henri de Coussemaker (1805–1876)

Scriptores de musica medii aevi 1864–76
Neudrucke Graz 1909
Mailand 1936
Histoire de l'harmonie au moyen-âge 1860
L'Art harmonique aux XIIe et XIIIe siècle 1869
Les Harmonistes du XIVe siècle 1869«

Cassiodorus Magnus Aurelius; Isidorus Hispalensis; Nicetius episc. Trevir.; Adhelmus

Chrodegang, Bischof von Metz
»Regula Canonicorum Caput L: De Cantoribus
Über Pflichten der Sänger. Sehr allgemein. Nichts über Theorie.«

Alcuin, Flaccus 2 Karten
»Musica [...] Älteste Nachricht von den 8 Kirchentönen.
Musica ›*est divisio sonorum, et vocum varietas, et modulatio canendi*‹ ›*Musica est disciplina, quae de numeris loquitur, qui inveniuntur in sonis*‹. [engl. Übers.:] *Each musician ought to know that threre are eight ›toni‹ in music* [...] *They are parts of the authentici, and are not essentially different.*«

Arnulfus

Hrabanus Maurus
»De universo libri XXII. L. XVIII, caput IV: De musica et partibus eius: ›*Musica est peritia modulationis sono cantuque consistens*‹ Zuerst die seit Isidor geläufige Ableitung des Namens Musik, und sonstige aus Cassiodor und Isidor bekannte Nebensächlichkeiten. – Dann seltsame Beschreibungen von Instrumenten, überladen mit religiösen Symbolismen. (Scheint sich um die später bei Virdung und Kircher abgebildeten Instrumente ›Iheronymi‹ zu handeln)

Reese: ›*His work is chiefly a compilation of Cassiodorus and Isidore, intended for training at the abbey of Fulda, where he taught before his removal to Mainz*‹.
Ferner noch über Musik in Hrabans' Werken: [Kapitelangaben]«

Aurelianus Reomensis 2 Karten
»Musica disciplina: Unterrichtswerk für seine Klostermitbrüder, kapitelweise aus Boethius, Cassiodor und Isidor abgeschrieben. Auch des Alcuin Musikkapitel ist dabei. Immerhin fügt er erläuterndes Eigenes hinzu. ›*Musica est scientia recte modulandi sono cantuque congrua.*‹ Quid sit musicus – ganz aus Boethius. Gibt als Illustration seiner Modus-Erklärungen die Namen von Antiphonen und Responsorien an, die aber (da sie von den heute bekannten verschieden sind) uns keine genauen Aufschlüsse über die Leitern selbst geben. [...]
(aus Kornmüller, Die alten Musiktheoretiker): ›*Einige Sänger behaupteten* [...] *sondern bloß Ausrufe der Freude seien.*‹«

Remigius Antisiodorensis (R. von Auxerre)
»Glossarium zum IX Buche ›De nuptiis Philologiae‹ des Martianus Capella [...]
Erläuterungen zu der hauptsächlich von Aristides Quintilianus abgeschriebenen griechischen Musiklehre im Satyrikon des Capella.«

Notker Labeo 3 Karten
[die zweite und dritte folgen nach Adelboldus Scholasticus]
»Erste theoretische Schriften in <u>deutsch</u>.
Vortragszeichen
[Aufzählung der Schriften nach Gerbert I, 95]
Was einzelne einem Text überschriebene Buchstaben für den Gesang bedeuten [...]«

Alia Musica
[Liste der Modi/Umfänge]

Hucbald Monachus Elnonensis 2 Karten

Kölner Traktat De Organo
»[...] 3 Regeln: 1) Beide Stimmen gehen in Quarten; 2) Bei den meisten Abschlüssen gehen beide Stimmen in den selben Ton; 3) Das Organum (Organalstimme unten!) steigt nicht tiefer als die Untersekunde des Finaltons (Regel 2 & 3 heben Regel 1 auf).
›*Das Organum erfordert immer eine vorsichtige und bedächtige Temponahme und kommt mit Fug und Recht für kirchliche Gesänge zur Anwendung.*‹«

Musica enchiriadis 3 Karten
[...]»Riemann [...]; Meinungen: ›*Im Gegensatz zu anderen Theoretikern enger Anschluß an die Praxis. Genialer Kompromiß: Einführung des 5-Organums ohne die Tetrachordeinteilung umzustoßen. Obwohl in der Dasia-Notation nicht angegeben, müssen die Oktaven in Bezug auf B und H einander angeglichen werden.*‹ (Spitta)
Kornmüller: Dasianotation kein gebräuchliches Tonsystem, nur Lehrmittel
Eines der methodisch am besten angelegten alten Theoriebücher. Verhältnismäßig wenig Wiederholungen. Kaum Überflüssiges. [folgt Aufbau]. Allgemeine Grundidee des Organums scheint zu sein: Wenn möglich, singt man in Quinten, was durch das Dasia-System erleichtert wird.«

Dasia Notation 2 Karten
[Zeichen]
»Organum-Regeln nach der Musica Enchiriadis: 1) Man kann in Quarten oder Quinten organisieren, bevorzugt aber offenbar Quarten. 2) Das Organum liegt und[!]er der gegebenen Stimme. 3) Sowohl Haupt-

stimme wie Organum können durch die darüberliegende Oktave verdoppelt werden ... [Notenbsp.]«

Scholia Enchiriadis [Strunk]

Organum 2 Karten

[Turiner Anekdote (Urspruch [recte Ursprung] S.118):] »Stiftung, ›*dahin laufend, daß die Sänger an Ostern und anderen Feiertagen wie im Tages- und Nachtoffizium de organo una cum pueris [...] singen sollten*‹. Farmer zitiert Vergilius Cordubensis › [...] *et duo magistri legebant de musica (de ista arte quae dicitur organum)*‹ 11th Century (Reese: *There is some possibility, however, that the ›Vergilius Cordubensis‹ document is a forgery*)

Quintorganum ist fast überall möglich. Quartorganum ist ebenso gut wie Quintorganum, nur bietet der Tritonus of[t] Widerstände, weshalb Einschränkungen für die Führung der Organalstimme gemacht werden. Oktavverdoppelungen in beiden Fällen möglich.«

Johannes Scotus Eri[!]gena

Regino von Prüm 2 Karten

»Kornmüller: ›*Ein solcher ist nun kein musicus zu nennen, sondern nur der, welcher über die Gesetze seiner Kunst sich auch Rechenschaft zu geben weiß, darüber zu disputieren versteht und die Gründe für sein musikalisches Tun kennt. Is itaque Musicus est, qui ratione perpensa canendi scientiam non servitio operis, sed imperio speculationis adsumpsit.*‹«

Oddo (Odo) Cluniacensis 5 Karten

[Strunk]

»Neuheit im Unterricht: Schüler regulieren ihre Töne nach dem Monochord; dieses wird praktisches Hilfsmittel. Fernere Hilfe: Notenschrift in Buchstaben [Bsp.]

Keine absolute Tonhöhe! Unterschied zu den einzelnen Kirchentönen nur nach der Lage der Ganz- und Halbtöne.
♭ und ♮ schließen einander aus, können nicht in ein und derselben Melodie vorkommen. [Anm.:] explain church modes
Monochord. It is used as musical instrument (used to teach the boys) and as an instrument of measurement‹; [Division of the Monochord; folgt Darstellung in Zahlen]
Riemann, S. 58 [Geschichte]: ›*Der Dialogus ist zwar augenscheinlich nicht von Odo selbst, gehört aber ... in den Kreis der oddonisch zu nennenden Arbeiten ... Das im Dialog disponierte System ist:* Γ – a^a ... *Bewußte Abwerfung der Ketten der alten Theorie (Vermeidung der griechischen Skalennamen, der alten Tonarten etc).*‹
Kornmüller: ›... *eine einfache und leichtfaßliche Gesangslehre, hauptsächlich praktische Ziele.*‹«

10. – 11. Jhdt. [vgl. Traub, HJb 1992]

Bernelinus

Aribo Scholasticus
»Urspruch [recte Ursprung]: ›*A. ist der erste deutsche Musikschriftsteller, der von Guido beeinflußt ist ... ist nicht nur Erklärer Guidos, sondern auch ein sehr selbständiger Denker. Er hat den Antagonismus zwischen kirchlicher und weltlicher Tonkunst bewußt erfaßt und durch eine symbolische Richtung in den Musikanschauungen zu überbrücken vesucht.*‹«

Adelboldus Scholasticus
»Nur Monochordeinteilung für die drei Tongeschlechter (diat., chrom., enh.)«

Berno v. Reichenau 2 Karten
»Kornmüller: ›*Seine ganze Abhandlung steht noch auf älterem Boden und ist im Grunde dieselbe Lehre, welche sein Vorgänger, Regino von*

Prüm, vorgetragen hatte. Die neue Lehre, wie solche die Traktate von Odo und Guido enthalten, und welche im südlichen Frankreich und Italien schon festen Fuß gefaßt hatte, scheint im nördlichen und mittleren Deutschland um diese Zeit noch nicht Eingang gefunden zu haben.‹«

Hermannus Contractus 5 Karten
[Tonsystem, Terminologie, Intervalltonschrift, Polemik gegen Dasia-Notation] (Riemann, Reese, Ursprung, Kornmüller, Ellinwood)

Guido v. Arezzo (Guido Aretinus) 8 Karten
»[Literaturliste] (s. blaues Auszugbuch VI)
[Exzerpte aus Wolking und Ursprung]
(A) Notation
Neumen auf Linien (4 Linien oder mehr). – Auch Buchstaben auf Linien oder in Zwischenräumen. (Im Mikrologus nur Buchstaben ohne Linien!). Neu: Linien und Zwischenräume benutzt. (vgl. Dasia-Notation, wo nur Zwischenräume – falls überhaupt – benutzt werden). Sein Hauptverdienst; im Prinzip noch heute lebendig. G. ist gegen Dasia Notation (›*cum moderni quidam nimis incaute quatuor tantum signa posuerunt*‹) lies Prologus S 1,2
(B) Monochord, ähnlich wie Odo
Die ›Hand‹ (späteren Datums)
C Lehrsystem [Noten zu Ut queant, mit engl. Übers.]
Hexachorde [folgt Darstellung]
Mutation = Verschieben der Hexachorde
Guido selbst befürwortet nur naturale und durum, ist auch gegen das b (als Tonbezeichnung)
(D) Guidos Organumregeln.
Allgemein: Cantus oben, Organum untere Stimme [...]
Anfangsintervall: beliebig
Verlauf: Organum geht nicht unter Tritus, wenn dieser unterster oder zweitunterster Ton des Cantus ist [...]

Schlußintervall: Besonders zu beachten: Diejenigen Tonarten sind besonders fürs Organum geeignet, die nach den gegebenen Regeln zu einem häufigen Verlassen der Quartparallele zwingen (C, F, G).
(E) ›*Daß sich alles singen läßt was [in Buchstaben, Worten] geschrieben ist:*‹«

Gregorian Notation
»A. Single Notes [...]
B. Neumes [...]
C. Liquescent neumes [...]«

Wilhelm von Hirsau (Hirschau)

Araber
Influence of Greek Music Theory on the Arabs
»›*In the College of Science at Bagdad (Bait-al-hikma) treatises of the Greeks on music had been translated into Arabic. Among the greek musical theorists* [...] *were Aristoxenos, Euklid, Prolemy and Nikomachos. ... Even a treatise on music by Pythagoras is recorded by the Arabic bibliographers. When these writings of the Greeks made their appearance in Arabic, music became one of the courses of scientific study and part of the ... mathematical arts.*‹ (Farmer: A History of Arabian Music, p. 152).
Writers after the Greek School: Al-Kindi, Al-Sarakhsi, [...] Zakkaniyya al-Razi, Al-Farabi [mit Daten]«

Al-Kindi; Al-Farabi [2 Karten]; Avicenna; Theogerus, episc. Metensis

Johannes Presbyter
»[...] Vocabularium musicum: Das zwar erste, aber äußerst belanglose Musiklexikon. Fast alles findet sich schon vorher anderswo. Beschäftigt sich hauptsächlich mit Instrumenten. In der Linie des Isidor.«

Frutolfus Monachus von Bamberg

Rudolf von St. Trond
»Lebensbeschreibung im blauen Buch. (Theorie I)
Quaestiones de musica s. Theorie I, 16«

Hugo v. St. Victor

Anonymus
»De Organo (Ad Organum faciendum) ›Mailänder Traktat‹ stammt von Laon«

Mailänder Traktat – Organum 3 Karten
»Die Organumregeln stimmen nicht mit den gegebenen Beispielen überein, sind auch in sich nicht ganz klar und widerspruchslos. Aus Vergleich beider läßt sich ungefähr folgendes feststellen:
Cantus Unterstimme, Organum oben.
Hauptorganum-Intervalle (5) und (4)
Nach dem Anfang wechselt man möglichst bald in das Organumintervall, um dann beim letzten zu bleiben: [...]
Ende beliebig
Gegenbewegung kommt zu größerem Rechte als zuvor
folgende Beispiele sind gegeben: [folgen Beispiele]
Stimmkreuzungen scheinen also auch erlaubt zu sein. Ein weiteres Beispiel bringt mehr Noten im Org. als im cf. In den anhängenden Versen wird ›frangere voces‹ erwähnt; vielleicht ist damit eine Verzierung durch eingeschobene Noten gemeint?
Beispiele in den gereimten Regeln [folgen Beispiele]
Ursprung: ›*einer der wichtigsten Traktate in der Zeit zwischen Guido und Perotin*‹
Riemann: S. 87 ab. Riemann verrenkt und verdreht, um den Autor seinen vorgefaßten Meinungen anzupassen. Z.B.: Der Beginn des

Organums mit (8) oder (1) ist nicht neu – Der (1)-Anfang kommt schon in der Mus. ench. vor, und nach Guido kann der Anfang beliebig sein. Reese p. 262: *›The treatise sets forth two points that are of considerable interest. The first ...: b is flattened ... to avoid the augmented fourth as a harmonic interval. In former treatises this was avoided by ›keeping the lower voice stationary‹. Second: Same melody-principalis have different organales – ›a result made possible by the interchange of the consonances‹*«

Anonymus Coussemaker Histoire S. 494 ff [*De organo* (Löwener Traktat)]
Riemann S. 106
»Gegenbewegung um jeden Preis. Schwer zu sehen, wie die dort angegebene Technik irgendetwas mit der Musikpraxis zu tun hat. [Notenbsp., jeweils die ersten beiden bei Riemann, *Geschichte der Musiktheorie*, S. 106, 1./2.]«

Winchester Tropers
»One of the Tropers contains more than 150 two-part organa. Written in staffless neumes, thus cannot be deciphered. Obviously, besides the ›Occursus‹ contrary motion is used. Mostly point against point. The vox principalis is lower voice.«

Cotton, John (Johannes Cottonius) 2 Karten
»Jeffrey Pulver: The english theorists I, Musical Times 1933 sagt mit vielen Worten nichts Wesentliches.
In Kornmüllers Übersetzung eine nette Untersuchung über Cotton und den Abt Fulgentius. [folgt Inhaltsskizze:]
Kap. I–IV Wiederholungen aus Boetius und Guido.
V Das odonische Tonsystem
VI–VII Odos Monochordeinteilung.
XI Hier sind (anscheinend zum ersten Male) die Tenores (Repercussae) der Modi festgesetzt: [...].

XII–XVI Über Modi, ausführlich. Im wesentlichen von früher Bekanntes.
XVII Macht der Musik.
XVIII. Einige Vorschriften für Komponisten
XIX. Dasselbe, mehr technisch.
XX Guido's Manier durch Koinzidenz von Vokalen und Tönen Melodien zu ›komponieren‹.
XXIII. Diaphony. Contrary motion especially rec[om]mended. Octaves (also with crossed voices) and unisons recommended for the ends of phrases. Unison-endings and Octave-endings alternating – preference to unison endings.
Zwei Notenbeispiele unklar
Am Ende: … *cuilibet tamen organizanti simplices motus duplicare vel triplicare vel quovis modo conglobare si voluerit licet.*
Ausschmückung der Organalstimme durch hinzugefügte Durchgangs- etc. Töne? (Frangere vocis des Mailänder Traktats)«

Anonymus 2 Karten
»Traité de Déchant en langue romane ›Quiconques veut deschanter‹ frühester Traktat in französisch
Derselbe Traktat in latein Couss. Script. 324
Riemann S. 98 (mit deutscher Übersetzung)
Der Diskant wird improvisiert. Gegenbewegung stark betont [Bsp.]
Schematismus: Ausschließlich (5) und (8)
In der lateinischen Fassung sind folgende ›duplicationes, triplicationes, conglobationes‹ (s. Cotton) den vorangehenden aus dem franz. Traktat hinzugefügt: [Notenbsp. wie Riemann, *Geschichte der Musiktheorie*, 102, 1.-9.]«

Anonymus [*De arte discantandi*]
»Ungefähr gleicher Inhalt wie ›Quiconques veut‹
Der Zwang zum ausschließlichen Singen in (5) und (8) des ›Quiconques‹ ist hier durch ›possunt‹ (dort ›debent‹) gemildert.«

Guido, Abbas de Caroli loco (Gui de Châlis) 2 Karten
»Kornmüller: ›[...] *Ob aber die Cisterzienser, welche sich so strenge an den Choral hielten, um diese Zeit auch schon Diaphonie zugelassen und gepflegt haben, möchte doch zu bezweifeln sein.*‹ [...]
De Organo Couss. Hist 254, Couss. Script II 191 Ein Diskanttraktat. Ausschließliche Klänge (5) und (8), Parallelbewegung ausgeschlossen, nur Gegengewegung.«

Guido
»Dieser ist vielleicht nicht derselbe wie der Guido in Couss. Hist. 254 (siehe dessen Karte).
[Zu Regulae de arte musica:] Lediglich Choral-Theorie, nichts über Mehrst.«

Gundissalinus, Domenicus 2 Karten
»Reese: Alfarabis' ›*ideas reached Christendom by way of the appropriations made by the 12th-century Spaniard D.G.* [...] *The division there made between musica speculativa (theoretical) and musica activa (practical) really repeats a Greco-Roman classification* [...]‹«

Richard v. St. Victor

III 1200–1400

»Ursprung: ›*Die M.Th. hat nach dem Organumtraktat Cottos eine gewisse Lücke entstehen lassen, da sie mit der raschen Weiterentwicklung der praktischen Musik nicht durchaus gleichen Schritt halten konnte.*‹
Hyperkonservative Gruppe:
Guido de Caroli loco CS I
Summa musica GS III (dort dem Joh. de Muris zugeschrieben), noch im 14. Jhdt!
Themen der MTh:

Stimmführung – Konsonanzen der Zusammenklänge – Solmisation (seit Ende d. 13. Jhdts) – Notation von Rhythmen
›*Eine Lehrschrift, welche die abwechslungsreichen Phasen des Entwicklungsganges von der modalen (mensurlosen) Quadratnotation zur mensuralen begleiten würde, ist bisher nicht bekannt.*‹
Leonin 2nd half 12th century
Perotin ca 1183«

Discantus positio vulgaris 3 Karten
»Von Hieronymus de Moravia als ›ältester von allen‹ erwähnt. 1230–1240 nach Fr. Ludwig
Einschaltung von Zwischentönen im Diskantus: [folgt Notenbeispiel]
kennt noch nicht die Konsonanz der Terzen [...]
Modi
›Ultra mensuram‹ alle Werte die länger als zwei Breves oder kürzer als eine sind
Plica noch nicht erwähnt
betonte und unbetonte Taktteile schon unterschieden [...]
Die Existenz dreistimmiger Sätze angedeutet
Gattungen mehrstimmiger Musik: [...] (Riemann)
[Exzerpte aus Reese]
Ursprung: ›*Sie ist der typische Exponent der terminologischen Scheidung von Organum und Diskant ... in ihr ist der erste Mensuraltraktat gegeben.*‹
Apel S. 227ff.«

Anonymus 7 2 Karten
»Intervalle: [...] Scheint früheste Erwähnung der Terzen als selbständige Intervalle zu sein, sagt aber nichts über Sexten
einer der ältesten Mensuralschriftsteller [...]
6 Modi [...]
›Motellus‹ (Riemann, p. 114)«

Anonymus A (Dietericus/Karlsruhe) Vorfrankonisch 2 Karten
»*Earliest theorist known to define value of a semibrevis* […] (Reese) ›*only four of the six modes* […]‹ (Dietericus: 4th ›non est in non‹) ›*little known, but very important treatise*‹ (Apel)«

Giraldus Cambrensis (Gerald de Barri)

Johannes de Garlandia 4 Karten
»[...] Riemann, S. 187–189 […]
Ältester Berichterstatter über 3- und 4stimmigen Satz
ziemlich unverständliche Bemerkungen über die Copula […] (Riemann S. 195)
[Weltliche Melodien sind beweglicher; Instrumentalparts]
Reese: no repeated notes in ligatures [; Plica; Musica falsa; häufig in Instrumentalmusik]
›*So ist die Lehre der Solmisation bezw. Mutation zum ersten Male ausführlich dargestellt in der Intr.Mus. des um 1300 lebenden englischen Magisters J. de G, die über Choral und Mehrstimmigkeit handelt*‹ (Ursprung, *Kath. Kirchenmus.*)«

Kilwardby, Robert [zwischen den Karten für J. de Garlandia]
»Verurteilt als Erzbischof 1277 mehrere thomistische Sätze«

Pseudo-Aristoteles (Lambert?) 2 Karten
»Unvollkommene Dissonanzen; <u>Erstes Auftreten der selbständigen Sexten</u> (Riemann S. 122)
Definite measurements [...;] 9 (!) modes (Reese)«

Amerus (Alfredus) 2 Karten
» (Reese) [über Notenwerte]
Schreibt nichts über Harmonie, nur an einer Stelle sagt er, daß die (2), (6) und (7) zu vermeiden sind. Terzen konsonant.«

Lullus, Raymundus

Franco v. Köln 5 Karten
»Die zwei verschiedenen Franco sind schon im Anonymus IV erwähnt.
Franco v. Paris (Musica; s. Franco v. Köln).
Riemann [zur Ars cantus mensurabilis:] [...] Lobrede Riemanns über Francos Methode S. 170.
Ursprung, *Kath. Kirchenmus.* ›*Etwa um 1200 bereitet sich also ein Zerfall der modalen Rhythmik vor.* [...]‹).
Besseler, *Musik d. Mittelalters und der Ren.*, S. 135 [zum Rhythmus].
Reese ›*Franco of Paris is the earlier Franco.* [...] [*a codification*] *that was to be regarded as standard for years* [...; Francos System überlebt bis ins 16. Jhdt.; *principles*] *upon which our own notation is based*«
[Strunk; anders als in der Auflage 1953]

Frankos Regeln für Ligaturen

Pachymeres, Georgios; Anonymus v. St. Emmeram (Reese)

Elias Salomon
»Notizen über dem Organum entstammende Archaismen des mail. Kirchengesanges. Auch über weltliche Musik
Capitel über 4st. Chorgesang«

Petrus de Cruce aus Amiens [2 Karten, Exzerpte aus Reese u.a. zum Punctum divisionis]; Aegidius v. Zamorra

Hailsbrunnenses duo Monachi
»Hauptsächlich Wiederholung Guidonischer Lehren«

Hieronymus de Moravia 2 Karten
»Simon Cserba O.P. Pustet, Regensburg 1935

[Hervorhebungen:] nicht vor 1272, nicht nach 1304) [...]
Kap: 24 Kompositions- und Gesangsregeln
Kap: 28 Über Rubeba und Vielle (älteste Methode f. Streicher)
Reese. ›*All notes [in plain-chant], says Jerome, are of equal value* [...]‹. Die Hauptquelle für die Behauptung daß der gregorianische Gesang aus lauter gleichlangen Tönen bestehe.«

Anonymus I
»Riemann: nur eine selbständige Bemerkung: (2/3) ist bessere Konsonanz als (3) (weil (1) von ihr mit Halbtonschritten leichter erreicht werden kann).«

Anonymus 2
»Riemann: Gegenbewegung ist Norm, gelegentlich Parallelbewegung statthaft. [...] Terzen und (6) unvollkommene Konsonanzen (5/6) Dissonanz. Ältester Autor der (6) zu unvollkommenen Konsonanzen zählt s. Theorie I, 11«

Anonymus 4 2 Karten
»De mensuris et discantu: ›*Manche Organistae wenden für die Schlüsse (3) oder (2/3) an*‹.
Reese: [...] *reports, that thirds ›among the best organistae ... in England, in the land called Westcuntre, are called best consonances*‹
Riemann.
Parallelgesang noch nicht abgekommen. Engl Diskant?
Die Sext, eine wertlose und abstoßende Dissonanz«

Thomas von Aquino

Johannes de Grocheo 2 Karten
»Tractatus de Musica [...] Sehr schöner Traktat, aber leider nichts über Harmonie

(Reese:) Most considerable information concerning medieval secular music prior to 1300; it is not required to follow the rules of church modes
Der conductus verschwindet langsam
Lob der Viola«

Robertus de Handlo

Bryennius, Manuel
»Harmonik (Kompilation aus älteren Werken)«

Arnulphus de S. Gilleno
»De differentiis et generibus cantorum [...] Über die Gattungen der Sänger. Er lobt sie sehr, besonders die weiblichen.
Preist die weltliche Musik. Unter ihren Pflegern sind auch einige Geistliche, die auf der Orgel schwierigste Passagen erfinden, die nie eine Stimme hervorbringen könnte.«

Odington, Walter 2 Karten
»(Reese:) [chromatische Töne extra manum]
[Terzen als Konsonanzen wohlbekannt; Sext noch Dissonanz]
(Riemann:) Er hat anscheinend Francos Ars cantus mens. gekannt.
brevis kann bis 7 Unterteilungen haben [Minutae/minimae]
Mehrstimmige Sätze beruhen prinzipiell auf Konsonanzen«

Anonymus XIII 2 Karten
»›*Et ne doibt on point faire ne dire II quintes ne deux doubles l'une après l'autre ne monter ne descendre avec sa teneur car ils sont parfais.*‹
Das erste Quinten- und Oktavenverbot. (Riemann)«

Anonymus 5
»De discantu; Riemann: ›*Generalis modus canendi*‹ *beruht auf den Zusammenklängen der (8) und (6)*«

Ars nova
»schon vorher:
Oberstimme sprengt modalen Rhythmus, reißt Führung an sich, drängt Motetus und Tenor zu Begleitstimmen hinab. (daher A.N. nur Stilwandel sekundären Ranges, Urspruch [recte Ursprung])«

Johannes de Muris 4 Karten
[Strunk]
»*›Der systematisch vorgehende Theoretiker der Ars nova ist J. de M‹. ›Libellus cantus mensurabilis‹* ist als das ausgebildetste musiktheoretische System des J. d. M. anzusehen. Musiktheoretische Autorität, auf die sich eine einflußreiche schriftstellerische Schule gründet. (Ursprung)
Mentions a keyboard instrument with 19 strings!
Ars novae musicae important work [...] (Reese)«

Marchettus de Padua 3 Karten
[Strunk]
»(Riemann:) [erstmalig chromatische Stimmführung, Halbtöne von 2–4 Diesen, 3 Größen]
Psychologische Anweisung für Sänger bei Chromatik: [Notenbeisp.]
Beim cis soll man sich erst vorstellen, man habe wieder zum Ausgangspunkt zurückzukehren.
(Reese): [...] The imperfect and perfect divisions are of equal importance.
Punctus divisionis, separating one measure from another (bar line!)
M. teilt den Ganzton in 5 Diesen [Gegenüberstellung alte/neue Diesen-Größen]«

Engelbert von Admont

Philippus Vitriacus (Philipp de Vitry) 2 Karten
»Ars contrapunctus secundum Philippum de Vitriaco (hierin kommt die Bezeichnung Kontrapunkt zum erstenmal vor). (Besseler AfMW VII).

[Skizze Modus/Tempus/Prolatio].
[Exzerpte aus Reese zu Teilungen/Mensuren; rote Noten, deren Bedeutungen].
[Exzerpte aus Riemann zu falsa musica; Semiminima]«

Isorhythmic Motet
(Talea/Color mit Bsp.)

Tunstede, Simon 2 Karten
»Quatuor Principalia [...] points out that singing in parallel sixths against plainsong melodies was practiced in neither France nor Rome – that means it was done in England
(Jeffrey Pulver) [...]
(Bukofzer) [...]«

Jacobus von Lüttich; Petrus, dictus Palma ociosa

Aegidius v. Murino
»Tractatus cantus mensurabilis [...] Notizen über formale Anlage d. älteren Liedkomposition. 3-5 stimmige Motetten. Wie der Text aufzuteilen ist. Kadenzen. Erst die Musik schreiben, dann den Text unterlegen.«

IV 1400–1499

Schwerpunkt der MTh jetzt in Italien
»Prosdocimo
Ugolino

John Hothby	Dunstable	† 1453
Tinctoris	Binchois	† 1460
Ramos	Dufay	ca 1400–1474
Gafori	Busnois	† 1492

	Ockeghem	ca 1420–1495
	Obrecht	ca 1440–1505
Rationalization of Harmony	Josquin	ca 1450–1521
Satztechnik	La Rue	† 1518
Notierung, Mensur	Isaac	† 1517
Musica falsa«		

Musica falsa
»(Reese:) [...]
Rule: ›false music exists when we make a semitone of a tone, and vice versa‹ [...]

Untransposed Guidonian Hand	= musica vera
Music, natural, untransp.	= cantus durus
one flat	= cantus mollis
more than one flat	= cantus fictus

Odington: B♭, b♭ indigenous to the scale – other chromatic tones extra manum.
Causa necessitatis—causa pulchritudinis
Marchettus: instead of ›falsi toni‹ – ›colorati‹ (chromatics) , not ›false‹, but ›right‹
Harmonic reasons: Tritone F-B, B flattened. (Then: E♭, A♭)
Melodic reason: Changing tone B between to A flattened ›Una nota supra la sempre [!] est canendum fa‹)
Also (later) lower changing tones [Bsp.]
Apel (S. 104) gives the following rules:
B is natural when occuring in conjunct motion (secunds) from both sides. (a b c, c b a)
Bb: when connected by a leap with either the preceding or following note (g b♭ c, d b♭ a)
when top-note (a b♭ a)«

Philippus de Caserta; Nicolaus von Capua; Veyt, Nicasius (Weyts); Conrad von Zabern

Ugolino de Orvieto (Urbevetanus) 2 Karten

»Füllt die Lücke aus zwischen Philipp de Caserta und Tinctoris. Gibt über die ganze damalige Musikwissenschaft Auskunft (cantus firmus, Mensuralmusik, Kontrapunkt).

Lehrt noch im Sinne der Theoretiker des 14. Jhdts, läßt die durch die Niederländer in Italien (unter Päpsten Martin V, Eugen IV in päpstl. Kapelle) eingeführten Neuerungen unberücksichtigt.

Erwähnt den Wilh. de Mascandio (Guill. de Machaut) als in Italien hochgeschätzten Komponisten.

›*Er konnte Dufay persönlich kennen gelernt haben.*‹ (Haberl, KmJb 1885)«

Antonius de Lucca

Prosdocimus de Beldemandis 2 Karten

»(Riemann:)

Schreibt über Mensuralmusik. Enharmonisch-chromatische Skala mit 17 Tönen in der Oktave

Schreibt gegen die Theorie des Marchettus (100 Jahre später), besonders gegen dessen 3 Halbtongrößen.

Hauptwerk: Tractatus de Contrapunctu

Kontrapunkt (im heutigen Sinne): mehrere Noten gegen eine zu setzen

Tractatus handelt trotzdem vom cp Note gegen Note

Terzen und Sexten unbestrittene Konsonanzen (unvollkommene)

(4) dissonant, aber weniger als andere [...]

Dissonanzen nur im figurierten cp, niemals Note gegen Note.

Zweck des Kontrapunktes, dass zwei Stimmen verschiedene Melodien vortragen

♯ hier ›crux‹ genannt

Enharmonisch-chromatische Skala von 17 Werten innerhalb der Oktave [...]; Nur zwei Größen von Halbtönen (90ct, 114) (Riemann gibt 112 cts an statt 114)

Einführung der italienischen (weißen) Notation statt der schwarzen (Riemann)
Reese:
Über isorhythmische Motette
Über italienische Notation des 14. Jhdts.
Complete chromatic scale (d♯ and a♯ rarely used)«

Prosdocimus' Tonsystem
»Gänzlich auf pythagoräischer Grundlage!«

Gobelinus Person
»Ein verspäteter Nachzügler des Joh. Cotton ohne irgendwelche eigene Züge. Nichts über Mehrstimmigkeit.«

Engl. Diskant (Bukofzer)
»[Beschreibung des Vorgehens] Anscheinend nicht so sehr für kirchliche Zwecke gebraucht.
Engl. Diskant-Theoretiker:
Rein technische Anweisungen, keinerlei scholastische Systematik
Vulgärsprache (meistens), englisch, statt Latein
zuerst bei Tunstede (1351)
Gymel«

Fauxbourdon (Bukofzer)
»[...]
nicht wuchtig wie engl. Diskant, sondern grazil [...]
Von Dufay & anderen wurde anscheinend der engl. Diskant aufgegriffen, nach Italien gebracht und zum FB umgeformt (siehe die Hymnen Dufays!)
Englische Akkordik und kontinentale Diskantkolorierung
Modemusik«

Power, Lionel 2 Karten
»Strebt Verschmelzung von engl. Diskant und Satz in Gegenbewegung an. Praktiker.
etwa 1410–1420 (Bukofzer)«

Johannes Torkesey

Richard Cutell
»›*It is to wit that there are 9 accordis in discant*‹ abgedruckt in Bukofzer [...], dort noch andere (anonyme) kleine Anweisungen für den engl. Diskant.«

Theodoricus da Campo
»kompendiöse Zusammenfassung der MTh seiner Zeit (Urspruch [recte Ursprung])«

Antonius de Leno; Guilelmus Monachus [2 Karten, auch Bukofzer]

2 kurze anonyme Anweisungen für den Fauxbourdon
»falsche Übersetzung im Riemann
›*Der Abschnitt ist keinesfalls als zuverlässige und zentrale Quelle der Fauxbourdontheorie anzusprechen*‹ (Bukofzer)«

Hothby, Johannes 2 Karten
»La Calliopea: Hexachordverschiebung auf chromatischer Basis [...]; (Bukofzer, Riemann)«

Keckius, Johannes

Johannes Gallicus 2 Karten
»Riemann 295 ff.
[...] Solmisation macht müde und verzagt [...]«

Johannes Tinctoris 4 Karten
[Strunk;] [...]
»streng konservativer Lehrer [...] (Kornmüller)
Obwohl fortgeschritten gegenüber älteren Theoretikern, ist er doch recht konservativ der kompositorischen Entwicklung seiner Zeit gegenüber (Riemann) Möglichst Sekundfortschreitungen im cp.«

Tinctoris' Zeit
»Theoretiker der Zeit um Ockeghem etc.
Zeit großer Verkünstelung (s. de la Rue, Glarean Dodech.)
Höhepunkt komplizierter Mensuralnotation
Klares harmonisches System. Dur und Moll praktisch in voller Anwendung, theoretisch nicht erkannt«

Adam von Fulda 2 Karten
»›*Das wichtigste deutsche Werk über die Theorie im 15. Jhdt, dessen Einfluß sich auch im 16. Jhdt. nachweisen läßt. Leider* [ist] *die einzige existierende Ausgabe bei Gerbert ... so schlecht, daß eine wirkliche Benutzung, speziell der Notenbeispiele, nicht möglich ist.*‹ (E. Praetorius) Besonnener Standpunkt gegenüber den Verkünstelungen der Niederländer. Früher hat ihn dergleichen gelockt, der Kunst ist damit nicht gedient. Musik ist korrumpiert durch instrum. Einfluß (Orgel, Laute!) Bearbeitungen, in denen die Stücke zerrissen und verdorben werden
Regeln für den Kp. (Riemann)«

Ramos de Pareja, Bartholomé 4 Karten
»[Strunk;] *Ramis' Monochord* [Skizze], *Intervallwerte in Ramis' Monochord* [...]
Wurde fälschlicherweise für den ersten gehalten der das akustische Verhältnis der (3) (4:5) aus der harmonischen Teilung der (5) in 4:5 + 5:6 erklärte (Odington tat das schon 200 Jahre früher).
Geht auf die didymische Terzberechnung zurück.
Zum ersten Mal: Unterscheidung d. großen & kl. Ganztons.

Das Problem ist: die durch Quint- oder Terzkonstruktion erreichten Töne irgendwie durch Temperatur auszugleichen.
Da er aber den Halbton als 15:16 annimmt, im Gegensatz zu Marchettus' drei Halbtongrößen, erscheinen an allen Ecken das pyth. und synt. Komma. (Riemann)
R. untersucht die Tetrachordeinteilung des Didymos, übernimmt dessen Intervallmaße.
Terzen endgültig 4:5 und 5:6 (Dupont)«

Lefèvre, Jacques 2 Karten
»Ist gegen Ramis' Größeneinteilung der Terzen.
Mißt Intervalle nach pyth. Bestimmungen, ist sich aber des Widerspruchs zwischen Klang und Theorie bewußt.
Musiker betrachten von jeher Terzen und Sexten mit Recht als Konsonanzen (Riemann)«

Burtius, Nicolaus 2 Karten
»Gegen den Ramis vertritt er Guido's Lehren (Spataro wiederum gegen ihn. Wies ihm nach daß er nicht verstanden habe um was es sich handelt) (Riemann)
Letztes Zeugnis für engl. Diskant
Ausdrücklich als Praxis der Sänger, keineswegs als Kompositionsart
Bei den Niederländern, Franzosen in Gebrauch (Ultramontani, alle Nichtitaliener mit Einschluß der Engländer)
Nur Angabe über den Treble sight (6) (Bukofzer)«

Gafurius, Franchinus 4 Karten
[Ausschnitt Antiquariatskatalog folgt nach der übernächsten Karte]
»Practica musicae (Regeln wie Tinctoris; Kreuzungsquinten erlaubt; Diss. als Durchgänge, beim Solmisieren verliert sich jetzt schon die durch Mi-Fa ausgedrückte Halbtonfortschreitung [...]
viele praktische Satzvorschriften

Erwähnt das (schon bei Elias Salomon erwähnte) Singen in Sekunden und Quarten, das in Mailand in Klagegesängen und Totenmessen ausgeführt wird.
G. hat größten Einfluß auf alle kleineren Theoristen und Lehrbuchschreiber der nächsten Jahrzehnte (Riemann)
Erste direkte Nachricht über eine wirkliche Temperatur.
Die Quinte ist geringfügig verengt, und verträgt diese Operation sehr wohl (nach Urteil der Organisten) (Dupont)
G. Höhepunkt der Theorie des 15. Jhdts.
Keine Weiterentwicklung der Mensuraltheorie über ihn hinaus.
Teilweiser Grund hierfür: Nach Isaac's und Josquin's (u.a.) Tod ist die Blütezeit der künstlichen niederl. Schreibweise vorüber, einfacher Stil kommt auf.
Mitte 16. Jhdts. ist die Mensuraltheorie dann schon Historie geworden.
Durch Verschwinden der komplizierten Notationsweisen wird Weg frei für harmonischen Ausbau der Theorie. (Praetorius)«

Der Streit Ramis–Burzius–Gafori–Spataro 2 Karten
[nach Wolf]

[32 Komponisten, Stoltzer/Victoria]

Musiklehrbücher der Humanistenzeit
»Griechische & lat. Poeten Autoritäten statt der Kirchenväter
Überlegenheit gegenüber frühere Zeit: Gedruckte Bücher, nicht mühseliges Aufschreiben an Wandtafeln.
Zahl der Schulbücher wächst in der Reformationszeit
In den Lateinschulen täglicher Musikunterricht. Viel öffentlicher Musikdienst der Schüler.
Methode: Erst Regel – dann Beispiel – dann Wiederholung.
Die beiden berühmtesten Lehrbücher: Heinrich Faber, Listenius. Faber wird meist für die Unterstufe, Listenius für die Oberklassen benutzt. (Schünemann)«

Caza, Francesco

Anonymus
»Erlanger Universitätsbibliothek, besprochen bei Dupont, Geschichte der Temperatur«

Spataro, Giovanni
»Einfacher Abkunft, ohne klassische Bildung, doch sehr geachteter Theoretiker«

Wollick, Nicolaus
»Wohl das erste gedruckte Musikerziehungsbuch in Deutschland (Schünemann)«

Quercu, Simon de
»Ein eigenartiges, mitunter recht unklares und von der allgemeinen Meinung abweichendes Werk (Praetorius)«

Canutius (Canuzi), Pietro de
»Das Buch enthält ausschließlich theoretische Erörterungen über Intervalle usw. und ist in Form eines Dialog zwischen dem Discipulus und Magister abgefaßt (Praetorius)«

Cochlaeus (Cocleus) Johannes

Schlick, Arnold 3 Karten
»[Demonstration der Stimmung] ›*A. Schlick, 1511, did not advocate the mean-tone tuning for organs, as modern writers have said*‹ [...] (J.M. Barbour, Abstract from Equal temperament... 1932)«

Virdung, Sebastian

Philomates, Wenzel
»Riemann [...], Eitner [...], Praetorius [...]«

Luscinius, Othmar

Faber, Nikolaus 2 Karten
[auch Ausschnitt Antiquariatskatalog]
»~~Neben Listenius das berühmteste Schulbuch seiner Zeit in Deutschland~~« [cf. H. Faber]

Aron, Pietro 3 Karten
»*Aron's Temperatur* [Konstruktion]; Nicht sehr verschieden von Schlick. Fogliani setzt sich für diese Temp. ein. Juan Bermudo, Sancta Maria schlagen sie ebenfalls vor
Der erste Theoretiker, welcher die sukzessive Stimmenkomposition für veraltet erklärt. (Riemann)«

Glareanus, Heinrich 4 Karten
»Interessante Anmerkung: Die ›gewöhnlichen Bänkelsänger‹ haben nur drei Modi, ut re mi = Dur, Moll und Moll mit Halbschluß!!
Der Unterschied zwischen den einzelnen Kirchentönen
Oktavteilungen
16 Modi [...]
Gibt eine Menge Musikbeispiele für jeden seiner 12 Moden (Besonders bemerkenswert das für die Verbindung von Phrygisch und Hypophrygisch – Bohns Übersetzung S. 108)
Sehr schöne Bemerkungen über die Komponisten von Einzelmelodien (Phonascen) und harmonischer Musik (Symphonascen) (S. 127) [...]
drittes Buch Notation seiner Zeit; sein System: alle Stimmen im gleichen Modus möglich
Schöne Beispiele für die kanonischen Künste der Niederländer, mit sympathischen Berichten über ihre Kunst und ihre Persönlichkeiten
Schüler Cochlaeus' etc.

Seine Neuerung versetzt die gesamte musikal. Welt in Aufregung
Im übrigen ist er konservativ, ist z.B. gegen die gr. Sexte als Melodieschritt (Riemann)«

Ornithoparchus (Vogelsang) Andreas
»›*eines der besten theoretischen Werke des 16*[th]*. Jhdts*‹ (Riemann)
›*Ein zuverlässiges und klares Buch, bei steter Berufung auf Gafur*‹ (Praetorius)«

Felsztyn, Sebastian
»Gab 1536 den Dialogus de musica des hl. Augustinus heraus«

Knapp, Johann

Lusitano, Vicente
»portug. Theoretiker 16. Jhdt.
Streit mit Vicentino, in dem er siegt
s. Riemann«

Galliculus (Alectorius) Johannes

Zanger, Johann
»Practicae musicae praecepta:
›*ein vortreffliches Kompendium*‹ (Riemann)
›*beeinflußt von S. Heyden und Ornithoparch*‹ (Praetorius)«

de Lavineta, Bernhard
»Compendiosa explicatio artis Lullianae:
9 Kapitel handeln über Musik. Die Titel sind bei Forkel [...] angegeben (siehe E. Praetorius [...]). Sonst anscheinend gänzlich unbekannt. Weder in Eitner Qu.L. noch bei Riemann erwähnt«

Fogliano, Lodovico 2 Karten

»Quint- und Terzverwandtschaft der Töne als Basis eines geregelten tonalen Systems endgültig festgesetzt (Riemann)«

Agricola, Martin 3 Karten

»Die Musica instrumentalis (in Knittelversen) ist eine Bearbeitung von Virdungs M. getutscht. Dieselben Abbildungen.
M. figuralis fußt auf Gafurius. Selbständiger Anhang: Von den Proporcionibus. Wertvolle Zusätze und Beispiele.
Erster Theoretiker, der Sprache Luthers bemüht. Von Wittenberg aus veranlaßt, sie wieder aufzugeben. (Riemann)
›*Neben Virdung das einzige Buch in deutscher Sprache. Inhaltlich hält es sich größtenteils an Gafur, von dem es sich nur in der Proportionslehre entfernt, teilweise scheint auch Ornithoparch eingewirkt zu haben.*‹ (Praetorius)«

Rhau, Georg

Heyden, Sebald

»Musicae, id est artis canendi libri duo:
Riemann: ›*Letztere Schrift zählt zu den angesehensten theoretischen Werken ihrer Zeit.*‹;
Praetorius: ›*Vortreffliches Werk* [...]‹«

Lanfranco, Giovanni Maria

»Interessante Angaben über Verteilung des Textes, Takt- und Mensurvorschriften, über das Stimmen von Instrumenten [...] (E. Praetorius) (J.M. Barbour, Abstract from Equal Temp... 1932)«

Vanneo, Steffano

»Riemann: gehört zu den besten seiner Zeit, behandelt Mensuralmusik & Kontrapunkt gedrängt, aber gründlich.

Praetorius: 3 Bücher; Choralgesang, Figuralgesang, Kontrapunkt. Weitschweifig, auf Gafur gestützt.«

Listenius, Nikolaus; Frosch, Johann (Froschius); Libanus, Georgius; le Gendre, Jean

Faber, Heinrich
»Das Compendiolum ist ein Auszug aus dem erstgenannten Werk. Klare Vorschriften, oft auf Gafurs Autorität gestützt. Neben Listenius das berühmteste Schulbuch seiner Zeit in Deutschland«

Bermudo, Juan
»›*Dreiteilung der Instrumente in natürliche (naturales, dh. Singstimmen), künstliche (artificiales, d.h. ganz mechanische de toque = Saiteninstrumente) und die sozusagen zwischen diesen beiden in der Mitte stehenden Blasinstrumente (de ayre) einschließlich der Orgel.* [...]‹ (Riemann) (J.M. Barbour, Abstract from Equal Temp... 1932)«

V 1500–1599

[14 Komponisten, Marenzio/Monteverdi]

Coclico, Adrian Petit 3 Karten
»›*Das Werk ist deswegen besonders wertvoll, weil C, als Schüler Josquins, eine Unterweisung in der Musik geben will, wie er sie selbst von seinem Lehrer empfangen hat. Von der Mensuraltheorie handelt der zweite Teil....*‹ (E. Praetorius)
[2 Karten hektographierte Übersetzungen aus Compendium musices: *It seems to me worth the efforts to pass* [...] *Caron and several others* und *In the third category we find the outstanding musicians* [...] *to learn singing. PH/MB*]«

Wilphlingseder/Wifflingseder, Ambrosius

Lossius, Lukas (Lotze)
»*›Schätzenswertes Kompendium‹* (Riemann)«

Lengenbrunner, Pater Johann

Vicentino, Nicola 4 Karten
»Inhaltsangabe nach Kroyer: [...] Teilung sowohl des großen wie des kleinen Ganztones. [...] Über Form. Arbeit mit Cantus firmus [...], Schilderung seines Streites mit Lusitano
Beschreibung von Instrumenten. Bau des Archicembalo. Spielanweisung.
Dupont: Das Archicembalo hat 31 Tasten in der Oktave (31 tönige Temperatur)
Huyghens prüfte diese Stimmung (danach anscheinend ungerechter Weise H's Stimmung genannt!)
Angeregt durch Marchettus' Angaben [folgt Tabelle]
Riemann: [...] Bemerkenswert: Im Zurückgehen auf die Musik der Alten Refom des entarteten Kontrapunkts (leitet zur Auffindung des rezitativischen Stils, und als Durchbrechung des stereotypen Klauselwesens der Kirchentöne.
V.s Kontrapunktlehre: vortreffliches Werk, nimmt Zarlino vieles vorweg.«

Unterrichtswerke für praktische Musik um Zarlino im 16. Jhdt.
[Genannt werden mit Neuausgaben Diego Ortiz: Tratado, Silvestro Ganassi: La Fontegara; Regola rubertina (»Gambenschule«), Girolamo Diruta: Il Transilvano (»Tasteninstrumente«), Tomás de Santa Maria: Libro llamado Arte de tañer fantasía (»Klavier, Orgel«)]

Zarlino, Gioseffo 7 Karten
»Kennt noch keine Umkehrungen. Akkorde sind noch Kombinationen von Intervallen.

Es gibt jedoch besonders günstige Kombinationen von Intervallen, nämlich die welche auf die Wirkung von Quint und Terz gestellt sind, und noch allgemeiner die, welche direkt oder weniger direkt dem Senarius entspringen.
Die verschiedenartigen Wirkungen der Harmonia perfetta (der bestmöglichen Kombination von Quinte und Terz) werden durch die Lage der 3 verursacht. Wichtigkeit der Unterstimme!
Weder ist der Akkord (wie später bei Rameau) als Einheit erkannt, noch wird Dur und Moll als grundsätzlicher Bergiff aufgestellt.
Immerhin fehlt nur ein winziger Schritt zur Erkenntnis des Dur- und Mollprinzips: Das fortgesetzte Bezugnehmen auf den Senarius (Durdreiklang), wie auch das Heranziehen der harmonischen und arithmetischen Teilung der 5 sind fast schon – trotz des Beibehaltens der alten Intervallkonstruktion von Akkorden – vollständige Anerkennungen der beiden Dreiklänge als Grundpfeiler
Auch die Umnumm[!]erierung von Glareans Kirchentönen [...] deutet in dieselbe Richtung: Dur ist im Bewußtsein der Musiker schon so wichtig, daß es nur als I auftreten kann!
Zarlino und Salinas (Dupont) Temperatur, Konstruktion [in drei Schritten; Kommentar:] »Sehr unrein, teilweise!«
Zarlino, Temperatur I (Dupont) [Tabelle]
Zarlino's Temperatur II [Tabelle; Kommentar:] »Schwierig auszuführen, da keines der Hauptintervalle rein angewendet wird bei der Konstruktion.
Riemann: Riemanns Zitate aus Zarlino sind an manchen Stellen glatte Fälschungen – der Singular Riemanns ›la terza‹ gibt einen völlig entgegengesetzten Sinn als Z.^{s} ›le terze‹ – teils absichtliche oder fahrlässige Mißdeutungen und Unterstellungen. Ob er wirklich ein Schwindler war, dem alles zur Unterstützung seiner eigenen Theorie erlaubt zu sein schien, oder lediglich ein ungenauer Interpreter in einem verhältnismäßig unbegangenen Gebiete? Das erste scheint zuzutreffen, nach anderen Verdrehungen in der Gesch. d. M. Th. zu urteilen!

Barbour: ›*G.Z. 1588 showed three geometrical and mechanical ways of constructing equal temperaments for lutes. These were chiefly varations upon Salinas' method.*‹
Shirlaw: In Z. and Descartes the roots of all later theories, especially of Rameau's.
Z. ›*stands between two greats epochs; he holds in his arms the fruits of the striving of centuries, the principle from which shall proceed a new artistic creation. He himself belongs to the old order of things, but he looks forward into the new.*‹«

Salinas, Francisco 3 Karten
»Riemann: ›*ein Werk von größtem Wert*‹
Steht auf dem Standpunkt Zarlinos bei der dualen Begründung der Harmonielehre, etc.
Barbour: ›[...] *stated the problem of equal temperament for fretted instruments in entirely correct terms: »the octave must be divided into twelve parts equally proportional«*‹ [...].
[Tabelle] (Dupont) *Salinas' Temperatur* (mitteltönig, da der temperierte Ganzton zwischen 8:9 und 9:10 liegt)
fast identisch mit Schlicks Temperatur
Salinas kennt ferner die bei Zarlino angegebene Temperatur I.«

Gleichschwebende Temperaturen
5 Salendro
12 Werckmeister (1645–1701) 1691
19 Luyton 1556–1620 Woolhouse 1835, M. E Sachs 1912
(mitteltönig) Yasser, Ariel, Würschmidt, Kornerup
24 Stein, Möllendorf, Haba
31 Vicentino 1511–1572, Huyghens 1629–1695
36 Busoni Gust. Engel 1881
41 Janko 1856–1919
53 Mercator

104 Eitz
347
400

Ungleichschwebende Temperaturen

Schlick,	Aron,	Ammerbach	Salinas	Zarlino
1511	1523	1571		
Praetorius				

Bottrigari, Ercole
»[...]math. & astron. sehr gebildet; reiche & kostbare Bibliothek [...] usw. s. Eitner«

Pontio, Pietro

Galilei, Vincenzo 2 Karten
»›*V.G. 1581, advocated the ratio 17:18 for the equal semitones of the lute. With a slight correction for the octave, this method may have been in practical use for fretted instruments for centuries. As improved, the Galilei method is approximately equal temperament.*‹ Das würde für den Halbton 98 cts bedeuten, mithin 12 · 98 = 1176. Was geschieht mit dem pyth Komma? ›Slight correction‹ hier, und sonst das Hauptproblem!!! (J.M. Barbour, Abstract from ›Equal temperament...‹ 1932)«

Artusi, Giovanni Maria; Schneegaß (Snegasius) Cyriacus; Stevin, Simon; Cerreto, Scipione

Zacconi, Lodovico
»›*Überaus vielseitiger Mann (Sänger, Komponist, Maler, Dichter), schrieb eins der vorzüglichsten musiktheoretischen Werke seiner Zeit*‹ (Riemann)«

Calvisius (Kallwitz), Seth [»Mathematiker, Astronom, Musiker«]; Morley, Thomas [2 Karten, auch Antiquariatskatalog zu: Plaine and easie introduction]; Tigrini, Orazio; Butler, Charles; Gumpelzhaimer, Adam; Burmeister, Joachim; Conforto, Giovanni Luca

Bathe, William
»(Regeln für Akzidentien; Übergang von der Hexachordlehre zu den Oktavskalen)«

Cerone, Pietro (Pedro) [2 Karten, auch Antiquariatskatalog zu: El Melopeo y maestro]; Campian, Thomas [»Mediziner, Dichter, Musiker.«]; Demantius, Christoph; Quitschreiber, Georg; Praetorius, Michael; Kepler, Johannes

Bianciardi, Francesco
»Breve regola per imparar a sonare sopra il Basso con ogni sorte d'Istrumento 1607 (Flugblatt) – Eine der Quellenschriften des Generalbasses.«

Gengenbach, Nikolaus; Grammateus, Henricus (Schreyber von Erfurt)

Puteanus, Ericius (de Putte, Hendrik von Put, Dupuy)
»Musiksachverständiger, einer der ältesten Gegner d. Solmisation«

Sartorius, Erasmus; Scaletta, Orazio; de Caus, Salomon; Hizler, Daniel; Correa de Arauxo, Francisco; Agazzari, Agostino; Coperario (Cooper), John; Baryphonus (Pipegrop) Heinrich; Ravenscroft, Thomas; Orgosinus, Heinrich; Sabbatini, Galeazzo; Mei, Girolamo; Rodio, Rocco; Gesius (Göss) Bartholomäus

Lippius, Johann
»War einer der ersten (vgl. Calvisius, Baryphonus) welche die prakti-

sche Satzlehre aus der Form des Kontrapunktes in die der Harmonielehre hinüberleiteten. (Riemann)«

Herbst (Autumnus), Joh. Andreas; Parrau, Antoine

Mersenne, Marin 5 Karten

»[3 Karten mit Inhaltsskizze der *Harmonie universelle*:]
[...] Liber septimus. De cantibus, seu cantilenis, earumque numero, partibus, et speciebus. Permutationen der Zahlen von 1–64. (12 = 479001600; 64 = eine 90stellige Zahl! [tatsächlich ausgerechnet!]) – Permutationen von vier aufeinanderfolgenden Tönen. – Drei Seiten Silbe für Silbe alle Fünftonkombinationen (600!) von ut re mi fa sol la bis la sol fa mi re ut!! – Und immer weitere Kombinationen. – 4 Töne (ut re mi fa) in allen Wertkombinationen von [Brevis, Semibrevis, Minima, Semiminima] – numerische Aequivalente zu Tönen (C 3600, f 2700, g 2400, c 1800), Partituren auf diese Weise!! – Noch andere ähnliche
Liber Octavus. De compositione Musica, de canendi methodo, et de voce. Kirchentöne (nach seiner Weise: Dor auth c–c, plag. g–g – siehe liber VI) –Tonbuchstaben (alphabetisch) in Armenisch, Griechisch, Arabisch, Samaritanisch, Syrisch, Rabbinisch, Hebräisch und die guidonischen Namen. – Schlüssel, Notenwerte. – Zweistimmige Sätze Note gegen Note, – Dreistimmige ebenso, Konsonanzen zwischen je zwei Stimmen! (Es wird nur paarweise 1-2, 2-3 gerechnet, nicht 1-3!) – Vierstimmig ebenso (paarweise 1-2, 2-3, 3-4). – Und noch fünfstimmig ebenso (alles Note gegen Note). – Einige spärliche Regeln über Kontrapunkt. – Der Rest (6 Seiten) eine Art Gesangsmethode
Harmonicorum Instrumentorum Lib. I. Monochord – Alte, legendäre Instrumente (Lyra, Aulos, Sistrum) – Instrumentennamen franz. und lat. – Laute, sehr ausführlich. Bau. Bünde. Tabulaturen. Saiten. Abarten der Laute. Guitarre etc. Cister – Geigen (5stg. Phantasie ›ab Henrico Iuniore composita‹), Gamben (6stg. Gambenstück). – Lyra – Bauernleier (Vielle!) – Trumscheit (Tuba marina) – Cembalo, Clavichord etc. –

Tastaturen mit geteilten Tasten (verschiedene Systeme [drei Zeichnungen etc.]). – Harfen – Psalterium –
Lib. II. Panflöte – Blockflöte mit Grifftabelle. (4st Vaudeville f. Blockfl.) Querflöte (Fistula Germanica), Grifftabelle (4st concentus f. Querfl. – Bass geht bis c hinab!) – Oboen – Fagott, Rankett (6st Pavane). – Cornemuse (4st. Cantilena f. Dudelsäcke) – Musette – Krummhorn (Bransle für Musette) – Zinken (5st Phantasie f. Zinken) – Serpent. – Jagdhorn – Trompete (Liste von Signalen) (Tricinium für Tromp.) – Posaune. – Indische & chinesische Instr.
Lib. III. De Organis, Campanis, Tympanis etc. Ausführlich über Orgeln [...]
›*M.M. 1635, gave the string lengths for equal temperament after Jean de Beaugrand. He had (1636) an excellent geometric approximation of his own, and even described the musical method of tuning by beats. He advocated equal temperament unreservedly. Mersenne is the greatest of the writers discussed, because of his modern attitude and his exhaustive treatment of the topic.*‹ (J.M. Barbour, Abstract from ›Equal Temperament ...‹ 1932)«

Doni, Giovanni Battista; Descartes, René; Treu (Trew), Abdia; Crüger, Johann

VI 1600–1699

de Cousu, Antoine

Kircher, Athanasius 11 Karten
»[8 Karten mit Inhaltsskizze *Musurgia universalis*, 1 Karte Kommentar] ›*A.K. 1650, followed Mersenne to a certain extent, but advocated equal temperament only for fretted instruments. He offered a mechanical construction for it, but did not state the string-lenghts in numbers*‹, (Barbour, Abstract from ›Equal Temperament...‹ 1932«

von Nierop, Dyrk Rembrantz; Caramuel de Lobkowitz, Juan; Mace, Thomas

Soma, Ragavibodha
»›[...] *contains melodies for instruments of various kinds, mostly in red letters, a certain Sanscrit notation. This part is of special interest.*‹ [Ausschnitt aus Antiquariatskatalog]«

Gibel (Gibelius), Otto
»Kurtzer Bericht von den vocibus musicalibus 1659 Solmisation u. Bobisation
Proportiones [statt »Propositiones«] mathematico-musicae 1666«

Kaldenbach (Caldenbach) Christoph; Crivellati, Cesare; Cavalliere, Giovanni Filippo (alias Pollero)

Holder, William
»Nach Riemann der erste, der eine 53-tönige temperierte Oktavteilung als beste Annäherung der naturreinen Intervallgröße vorschlug.«

Gugl, Matthäus; Elsmann, Heinrich; Angleria, Fra Camillo; Gengenbach, Nikolaus; Nivers, Guillaume Gabriel; Speer, Daniel; Playford, John; Mengoli, Pietro; Ahle, Johann Rudolph; Meibom, Marcus; Bernhard, Christoph; Sabbatini, Pietro Paolo

Huygens, Christian 2 Karten
»Mathematiker und Physiker. Gesetze des Stoßes, der Pendelbewegung, der Fliehkraft. Erste brauchbare Pendeluhr 1655 Wellentheorie (Modulationstheorie) des Lichts 1678 (Licht besteht aus transversalen Schwingungen des Lichtäthers; zwanglose Erklärung der Wellenerscheinungen wie Interferenz, Beugung, Polarisation usw.) H'sches Prinzip. Erkannte Saturnring, erklärte Doppelbrechung des Lichtes.

›wirft Salinas & Mersenne vor, daß sie aus Unkenntnis der Logarithmen die Vorzüglichkeit der 31stufigen Temperatur nicht hätten erkennen können; nicht um 1/4 Komma des synt. Kommas zu klein, sondern um 1/100 desselben zu groß seien die Quinten dieser Temperatur. Nach meiner großen Tabelle der Tonwerte in Logarithmen auf Basis 2 sind aber doch die Quinten um 1/4 Komma zu klein.‹ (Riemann, Geschichte der Musiktheorie) (Sie sind um 5,2 cents zu klein, nicht ganz 1/4 des pyth. Kommas)«

Arresti, Giulio Cesare; Douwes, Klaas; Printz, Wolfgang Kaspar (von Waldthurn); Quirsfeld, Johann; Delafond, Jean-François [»A new system of music both theoretical and practical & yet not mathematical London 1725«; vgl. de la Fond in Ordner 1700–1799]

Werckmeister, Andreas 2 Karten
»*›A.W. 1691, never stated equal temperament correctly, although he is regarded by many modern writers as one of its foremost proponents. His misconception of equal temperament resulted from dividing the syntonic comma rather than the ditonic (Pythagorean) comma. He preferred, like Schlick, an irregular system, in which the more common keys were favored at the expense of the less common keys.‹* (Barbour, Abstract ›Equal Temperament …‹ 1932)«

Theile, Johann; Turner, William; Stierlin, Johann Christoph; Sauveur, Joseph; Steffani, Agostino; van Blankenburgh, Quirijn; Scarlatti, Alessandro

Meckenheuser, Jacob Georg 2 Karten
»*›J.G.M. 1727, was, like Neidhardt, a good historian of equal temperament. He seemed to imply that this was not his first writing in this field, although there is no record of an earlier book by him.‹* (Barbour, Abstract ›Equal Temperament …‹ 1932)«

Fux (Fuchs), Joh. Joseph
[Strunk]

Murschhauser, Franz X. Anton; Nassarre, Pablo; Buttstedt, Johann Heinrich; de Montéclair, Michel Pignolet

Pepusch, Johann Christoph
»1724 Plan, in den Bermudas Musikakademie zu errichten, Schiffbruch, Rückkehr«

Gasparini, Francesco; Vogt, Mauritius (Moritz); Fuhrmann, Martin Heinrich; Keller, Gottfried [»s. Riemann, Geschichte der Musiktheorie«]; Kellner, David; Niedt, Friedrich Erhardt; Geminiani, Francesco; Masson, Charles; Spiridion a Monte Carmelo; Sperling, Johann Peter; Mattheson, Johann; Heinichen, Johann David; Spieß, Meinrad

Rameau, Jean Philippe 2 Karten
»›*J.Ph.R. 1722, referred somewhat vaguely to equal temperament on the clavier; in 1726 he rejected it for a modified meantone tuning; in 1737 he again advocated equal temperament, expressing it in powers of the twelfth root of two.*‹ (Barbour, Abstract ›Equal Temperament ...‹ 1932) [Strunk 64, ergänzt:] ›*The fundamental idea of Rameau's system is his theory of the tonal function of harmony.*‹«

Neidthardt, Johann Georg 2 Karten
»›*J.G.N. 1724, gave a good history of equal temperament, with string-lengths of several writers. Although he favored the equal division, he was rather timid about advocating for organs.*‹ (Barbour, Abstract ›Equal Temperament ...‹ 1932)«

Gallimard, Jean-Edme; Malcolm, Alexander; Smith, Robert

Tartini, Giuseppe
»Armverletzung, daher letzte 20 Jahre theoretische Arbeiten; s.Theorie I, 22
Literatur: s. Riemann (offenbar nichts spezielles über T's Theorie)«

Quantz, Johann Joachim; Vallotti, Francesco Antonio; Eisel (Eysel) Johann Philipp; Adlung, Jakob; Schröter, Christoph Gottlieb

VII 1700 – 1799

Stilllingfleet, Benjamin 2 Karten
»Absicht des Autors ist, seinen Landsleuten Tartinis Trattato nahezubringen. Er tut das, indem er ausgiebig wörtlich zitiert und sonst meist paraphrasiert. Oft genug schweift er vom Thema ab, zeiht den Tartini mangelhafter Kenntnisse in allen nicht unmittelbar zur praktischen Musik gehörenden Fragen, stellt seine eigenen (nicht immer besseren oder richtigeren) Meinungen gegen ihn auf und ist dabei immer selbstgefällig. Das Buch als ein Produkt zweiter Hand hat, da das Vorbild ja keineswegs in ein besonderes, interessantes Licht gerückt wird, keinen eigenen Wert für die Beurteilung des Trattato und seiner Bewertung, zeigte es nicht, daß zur damaligen Zeit in England (1771) ein reges Interesse für die Musiktheorie geherrscht haben muß.«

Straehle, Daniel P.
»siehe in Marpurgs Versuch über die mus. Temperatur«

Humanus, P.C.; Sorge, Georg Andreas; Martini, Giambattista; Serre, Jean Adam; Lustig, Jakob Wilhelm

Hayes, William
»The art of composing music by a method entirely new, suited to the meanest capacity. Whereby all difficulties are removed, and a person

who has made never so little progress before, may, with some application, be enabled to excel. [London 1751]
An attack upon the organist and composer, Barnabas Gunn. [Ausschnitt aus Antiquariatskatalog]«

Maier, Jos. Friedr. Bernh. Kaspar; Tans'ur, William; Euler, Leonhardt; Hartong (P.C. Humanus); Riepel, Joseph; Scheibe, Johann Adolf; Mizler, Lorenz Christoph; Blainville, Charles Henri; Rousseau, Jean Jaq[!]ues; Levens; Bach, Carl Philipp Emanuel; Roussier, (Abbé) Pierre Joseph; Nichelmann, Christoph; d'Alembert, Jean le Rond »Akustiker«; Marpurg, Friedrich Wilhelm; Mozart, Leopold; Jamard; Kirnberger, Johann Philipp; Paolucci, Gui[!]seppe

de la Fond, Francis
»›who teaches singing, and the principal instruments‹
A New System of Music, both Theorical and Practical, and yet not Mathematical: written in a manner intirely new; that's to say, in a Style plane and intelligible etc etc London 1725
Nichts Wichtiges. Ein nett geschriebener (teilweise witzig-aggressiv) Versuch, die 12Ton Temperatur ohne jeden theoretischen Hintergrund als Basis der Musik, und speziell zur Baßbezifferung zu bemühen.
Da es schon in einem Aufwaschen geht, werden auch die Schlüsselunterschiede abgeschafft und alles im Treble clef mit Oktavversetzungen geschrieben. Nota=Key mode=major or minor, etc. Der Baß zu einer Corelli-Sonate beginnt demnach so: [folgt Notenbeisp.]
Statt der feststehenden Intervallnummern also die wechselnden Tonnamen der in den Akkorden charakteristischen Intervalltöne. – Andere Beispiele zeigen, daß der Autor inbezug auf Stimmführung schon die barbarische und sinnlose Finger-Tasten-Regulierung Bemetzrieders vorausahnt. Man scheint wirklich in dieser schändlichen Weise continuo gespielt zu haben?«

Daube, Johann Friedrich; von Wiese, Christian Ludwig Gustav; Bossler, Heinrich Philipp; Albrechtsberger, Joh. Georg; Manfredini, Vincenzo; Petri, Johann Samuel; Portmann, Johann Gottlieb; de Lirou, Jean François Espic; Langlé, Honoré François Marie; Barca, Alessandro; Bemetzrieder, Anton; Framéry, Nicolas Etienne; Vogler, Georg Joseph; Koch, Heinrich Christoph; Mercadier, Jean-Baptiste; Knecht, Justin Heinrich; Christmann, Joh. Friedrich; Türk, Daniel Gottlob; Chladni, Ernst Florens Friedr.; Kollmann, August Friedrich Christoph; Cherubini, Maria Luigi; Suremain de Missery, Antoine

Reicha, Anton
»›*Seine noch heute lesenswerten theoretischen Werke:*‹ (Riemann)«

Catel, Charles Simon; Crotch, William; Werner, Johann Gottlob; Weber, Gottfried; Fétis, François Joseph; Schneider, Friedrich (Johann Christian) [»Komponist und Lehrer, Organisator«]; Sechter, Simon; Hauptmann, Moritz; Opelt, Friedrich Wilhelm; Marx, Adolf Bernhard

VIII 1800

Tanaka, Shohé; Drobisch, Moritz Wilhelm; Richter, Ernst Friedr. Eduard; Woolhouse, Wesley; Day, Alfred; Macfarren, George Alexander; Bazin, Francois Emanuel Joseph; Ellis, Alexander John [nicht geheftet]; Helmholtz, Hermann v. [nicht geheftet]; v. Helmholtz, Hermann Ludw. Ferd.; Engel, Gustav Eduard; Ouseley, Friedrich Arthur Gore; Jadassohn, Salomon; Bellermann, Joh. Gottfr. Heinrich; Rischbieter, Wilhelm Albert; Prout, Ebenezer; Paul, Oskar; v. Oettingen, Arthur Joachim; Tiersch, Otto; Bussler, Ludwig; Stainer, John; Rimsky-Korssakow, Nikolai Andrejewitsch; Hostinský, Ottokar; Stumpf, Carl; Eitz, Carl Andreas; Riemann, Karl Wilh. Jul. Hugo; von Jankó, Paul; Gédalge, André; Thuille, Ludwig; Riemann, Ludwig; Schenker, Heinrich; Capellen, Georg; Schönberg, Arnold; Tanaka, Shohé; Achtélik, Josef; Kurth, Ernst; Jeppesen, Knud; Schillinger, Joseph; Krenek, Ernst

Werkeinführungen und Vorworte von Paul Hindemith

»Analysen meiner Werke kann ich nicht geben, weil ich nicht weiß, wie ich mit wenigen Worten ein Musikstück erklären soll (ich schreibe lieber ein neues in dieser Zeit). Außerdem glaube ich, dass meine Sachen für die Leute mit Ohren wirklich leicht zu erfassen sind, eine Analyse also überflüssig ist. Den Leuten ohne Ohren ist ja auch mit solchen Eselsbrücken nicht zu helfen. Einzelne Themen schreibe ich auch nicht auf, sie geben stets ein falsches Bild.« Mit dieser nüchtern-lapidaren Entschlossenheit weigerte sich Hindemith 1922, für das aus Anlaß der zweiten Donaueschinger Musiktage herausgegebene Sonderheft der *Neuen Musik-Zeitung* in schriftlicher Form zu seinen Kompositionen Stellung zu beziehen. Nur wenige Jahre später hatte sich seine Haltung geändert: mit kurzen erläuternden Texten in den Ausgaben seiner *Sing- und Spielmusiken* äußerte er sich in den Jahren 1928/29 erstmals zu eigenen Werken. Diese ersten Einführungen verfolgten den Zweck, auf den pädagogischen Charakter der Stücke hinzuweisen und knappe Spielanweisungen zu liefern. Ähnlich motiviert war auch das Vorwort zu dem in Zusammenarbeit mit Bert Brecht entstandenen *Lehrstück*, aus dem eine Passage bekanntermaßen mit verantwortlich für das Zerwürfnis der beiden Künstler war.

Mit den Jahren wuchs allmählich Hindemiths Bedürfnis – wohl nicht zuletzt auch verstärkt durch entsprechende Wünsche von Programmheftgestaltern und Herausgebern –, das eigene Schaffen zu erläutern und zu kommentieren. Ein frühes Beispiel dieser Art von Texten stellt die 1929 entstandene kurze Notiz zur *Kammermusik Nr. 5* op. 36, 4 dar, mit der Hindemith beim Publikum um unvoreingenommenes Hören warb. Zum besseren Verständnis der Musik sollten auch die mit Notenbeispielen versehenen Anmerkungen zur *Symphonie »Mathis der Ma-*

ler« (1934) beitragen. Seit Mitte der 1930er Jahre – und damit zeitlich koinzidierend mit der Niederschrift der ersten größeren musiktheoretischen Arbeiten *Komposition und Kompositionsunterricht* sowie *Unterweisung im Tonsatz* – ging Hindemith dazu über, in den Werkeinführungen auch grundsätzlichere Gedanken zu formulieren. Einen Höhepunkt stellt das Vorwort zur Neufassung des Liederzyklus *Das Marienleben* (1948) dar, in dem Elemente von Hindemiths musiktheoretischen und musikphilosophischen Erkenntnissen in Beziehung zum konkreten kompositorischen Werk gesetzt werden. Die um 1959 entstandenen Einführungen zu Werken von Carlo Gesualdo und Giovanni Gabrieli legen Zeugnis von Hindemiths fundierten musikhistorischen und aufführungspraktischen Kenntnissen ab.

In der vorliegenden Edition sind alle bekannt gewordenen Einführungen zusammengestellt, die Paul Hindemith zu eigenen oder fremden Kompositionen sowie zu Buchausgaben verfaßt hat. Der Abdruck orientiert sich, wo nicht anders angegeben, an der jeweils genannten Erstveröffentlichung. Die Texte sind chronologisch nach ihrer Entstehung geordnet.

Susanne Schaal-Gotthardt

Frau Musica op. 45, 1

Diese Musik ist weder für den Konzertsaal noch für Künstler geschrieben. Sie will Leuten, die zu ihrem eigenen Vergnügen singen und musizieren oder die einem kleinen Kreise Gleichgesinnter vormusizieren wollen, interessanter und neuzeitlicher Übungsstoff sein. Diesem Zwecke entsprechend werden an alle Ausführenden keine sehr großen technischen Anforderungen gestellt: von den Streichern wird nur das Beherrschen der ersten Lage verlangt, der Chor und die Solosingstimmen sind nach Möglichkeit mit leicht singbaren Linien bedacht. Trotzdem wird man von einer heute und für heutige Bedürfnisse geschriebenen Musik nicht verlangen, daß sie von jedermann vom Blatt zu spielen ist. Dem Liebhaber werden hier einige Nüsse zu knacken gegeben. Sind Bläser vorhanden, können sie zur Verstärkung der Vokal- oder Instrumentalstimmen herangezogen werden. In der Partitur ist jeweils vermerkt, wie ich mir die Verteilung dieser Verstärkungsstimmen denke. Den Eingangs- und Schlußchor mögen die gesamten Anwesenden, denen man vor Beginn der Aufführung mit Hilfe der auf eine Wandtafel geschriebenen Noten die betreffenden Stellen einstudiert hat, mitsingen.

Berlin, Januar 1928

Erstveröffentlichung: Paul Hindemith, *Sing- und Spielmusiken für Liebhaber und Musikfreunde: Frau Musica. Musik zum Singen und Spielen auf Instrumenten nach einem Text von Luther op. 45 Nr. 1*, B. Schott's Söhne, Mainz und Leipzig, Edition Nr. 1460.

Acht Kanons für zwei Singstimmen mit Instrumenten op. 45, 2

Für die Ausführung dieser Musik ist keine bestimmte Besetzung vorgeschrieben. Alle möglichen Instrumente können die Sängerinnen und Sänger verstärken oder begleiten. Singstimmen sind wohl fast überall vorhanden. Fehlen sie ganz, können die eigentlichen Melodiestimmen auch auf Instrumenten gespielt werden. Die von mir als Streichquartett notierten Begleitstimmen können ganz wegbleiben oder brauchen nicht vollständig besetzt zu sein. Die zwei Hauptstimmen, von nur einer Geigenpartie oder von Geigen oder Celli unterstützt, ergeben schon eine erträgliche Musik. Alle Stimmen kann man durch Bläser verstärken oder ersetzen. Liegt ein Kanon für die vorhandenen Singstimmen zu hoch oder zu tief, transponiere man ihn unbedenklich.

Berlin, Januar 1928

Erstveröffentlichung: Paul Hindemith, *Sing- und Spielmusiken für Liebhaber und Musikfreunde: Acht Kanons für zwei Singstimmen mit Instrumenten op. 45 Nr. 2*, B. Schott's Söhne, Mainz und Leipzig, Edition Nr. 1462.

Kammermusik Nr. 5 op. 36, 4, »Bratschenkonzert«

Dieses Konzert ist – glaube ich – keine »moderne« Musik. Bringt es der Zuhörer fertig, sich mit Äußerlichkeiten, als da sind: eine einfache, glatte Rhythmik, trockener und reiner Klang, primitive Struktur und Mangel überflüssigen Sentiments zu versöhnen, wird ihm das Hören eines solchen Stückes keinerlei Schwierigkeiten bereiten. Beethovensche Musik läßt sich nicht mit denselben Ohren hören und verstehen, die Bach aufnehmen; man möge ebenso zu unserer heutigen Musik nicht mit den Ansprüchen kommen, die man an unsere klassische Musik stellt. Sie ist vielleicht weder häßlicher noch für unseren heutigen Bedarf ungeeigneter als jene. Daß sie ebenso ernstgemeint ist, darüber sollte kein Zweifel bestehen. Der Zuhörer, der bei unvoreingenommenem Aufnehmen dieses Bratschenkonzertes fähig ist, ein wenig von der Leichtigkeit und der Freude am Musizieren, mit der es geschrieben ist, mitzuempfinden, lehnt diese Arbeit sicherlich nicht ab. Vielleicht bereitet sie auch ihm ein wenig Freude.

[1929]

Erstveröffentlichung: Programmzettel eines Konzerts am 8. Mai 1929 in Kiel (*Sonderkonzert »Neue Musik«*). Hindemith, der als Solist in seinem Bratschenkonzert mitwirkte, wurde vom verstärkten Städtischen Orchester der Stadt Kiel unter der Leitung von Fritz Stein begleitet. Auf dem Programm standen außerdem das *Werk für Streichorchester* von Heinrich Kaminski, das *Lied der Waldtaube* aus den *Gurreliedern* von Arnold Schönberg (Mezzosopran: Ria von Hessert), das *Potpourri für großes Orchester* op. 54 von Ernst Krenek und das *Spiel für Blasorchester* op. 39 von Ernst Toch.

Lehrstück

Zur Übung des Lehrstückes in der vorliegenden Form werden benötigt:
Erste Männerstimme (Tenor), die Partie des abgestürzten Fliegers ausführend
Zweite Männerstimme (Bariton oder Baß), kann von einem Mitglied des Chors gesungen werden
Sprecher, oder Sprecherin
Chor, in seiner Stärke dem Raum, in dem das Stück ausgeführt wird, angepaßt
Orchester, in beliebiger Stärke und Zusammensetzung. Die absichtlich grobe Aufteilung der Partitur in hohe, mittlere und tiefe Stimmen

ermöglicht dem Dirigenten eine den Fähigkeiten und Wünschen der jeweils vorhandenen Spieler und den Notwendigkeiten des Ortes entsprechende Stimmenverteilung. Hohe Stimmen können durch die obere Oktave verdoppelt werden, tiefe durch die untere. Bei der Verstärkung durch Blechinstrumente ist Vorsicht geboten: sie sollten hauptsächlich die lauten Stellen mitspielen und können bei begleiteten Chören die Chorstimmen verdoppeln. Die Notierung in der Partitur entspricht nicht der wirklichen Stimmenverteilung: sie ist so vereinfacht, daß die Partitur auch als Klavierauszug benutzt werden kann.
Fernorchester, als Blechblasorchester gedacht. Grundstimmen: 2 Trompeten, 2 Flügelhörner, 2 Tenorhörner, 2 Posaunen und Baß. Erweiterungen oder Ersatz durch Waldhörner, Saxophone, Baritone oder einzelne Holzbläser ist möglich. Die Originalpartituren sind für die neun Grundstimmen geschrieben. Für andere Besetzungen müssen die betreffenden Stimmen umgeschrieben (transponiert) werden.
Tänzer oder Tänzerin
Drei Clowns
Einzelne Sänger und Sängerinnen aus der Menge
Die Menge

Aufstellung:
Auf einem in seinen Abmessungen der Anzahl der Mitspielenden entsprechenden Podium steht im Hintergrund der Chor. Links ist das Orchester aufgestellt. Links im Vordergrund steht ein Tisch, an dem der Dirigent der Sänger und Musikanten, der Leiter der allgemeinen Gesänge (Vorsänger) und der Sprecher sitzen. Der Sänger der »Ersten Männerstimme« sitzt an einem Pult rechts im Vordergrund. Das Fernorchester ist an einem möglichst weit entfernten Punkt des Saales (Galerie) aufgestellt. Die Trümmer eines Flugapparates können zur Verdeutlichung der Szene neben oder auf dem Podium liegen.

Ausführung:
Das Stück ist nicht zur Verwendung in Theater- oder Konzertaufführ-

rungen gedacht, bei der einige durch ihre Produktionen einen Menge belustigen oder erbauen. Das Publikum ist als handelnde Person an der Aufführung beteiligt: es singt die in der Partitur der »Menge« zugewiesenen Sätze. »Einzelne« aus der Menge, die vorher die betreffenden Stellen einstudiert hatten, singen diese unter Leitung eines Dirigenten (oder Vorsängers) erst der Menge vor. Diese wiederholt sodann. Bei Ausführungen in nicht allzu großem Kreise dürfte dieses Vorsingen als Anweisung für die Menge genügen. Für eine große Menge empfiehlt es sich, einen Lichtbildapparat aufzustellen, der Noten und Text der zu singenden Teile projiziert. Ebenso können die Kapitelüberschriften der einzelnen Teile projiziert werden. Es ist denkbar, daß das Ineinandergreifen von Soli, Chor und Menge nicht gleich zur Zufriedenheit der Beteiligten ausfällt. Bei dieser Art gemeinsamer Kunstübung kann es auf ein reibungsloses Abspielen der einzelnen Nummern gar nicht ankommen. Darum ist ein richtiges Einstudieren einem bloßen Durch- und Vorspielen vorzuziehen.
Da das Lehrstück nur den Zweck hat, alle Anwesenden an der Ausführung eines Werkes zu beteiligen und nicht als musikalische und dichterische Äußerung in erster Linie bestimmte Eindrücke hervorrufen will, ist die Form des Stückes dem jeweiligen Zwecke nach Möglichkeit anzupassen. Der in der Partitur angegebene Verlauf ist demnach mehr Vorschlag als Vorschrift. Auslassungen, Zusätze und Umstellungen sind möglich. Ganze Musiknummern können wegbleiben, der Tanz kann ausfallen, die Clownszene kann gekürzt oder weggelassen werden. Andere Musikstücke, Szenen, Tänze oder Vorlesungen können eingefügt werden, wenn es nötig ist und die eingefügten Stücke nicht den Stil des Ganzen stören. Kleinere Übungen können darin bestehen, das Examen allein oder den Anfang und das Examen auszuführen. Andere Teile können ebenso gut allein ausgeführt werden. Dem die Übung Leitenden und der Gemeinschaft der Ausführenden ist es überlassen, die für ihren Zweck passende Form zu finden.
Die Partien des Chors, des Orchesters und des Fernorchesters sind so

leicht ausführbar, daß fast jede Vereinigung von Liebhabern sie bewältigen kann, sofern sie sich überhaupt ernsthaft dieser Aufgabe widmen will. Zwei geschulte Leute, welche die beiden Männerstimmen übernehmen, finden sich wohl überall. Wo keine Tänzer und Schauspieler zu haben sind, können (wie schon oben bemerkt) die betreffenden Szenen fortbleiben.
Zur Ausführung des Lehrstückes werden keine Kostüme und Dekorationen benötigt. Nur die Clownszene und der Tanz können von dieser Regel abweichen.

[1929]

Erstveröffentlichung: *Lehrstück*. Text Bertolt Brecht, Musik Paul Hindemith, Partitur, B. Schott's Söhne, Mainz, Edition Nr. 1500.

Wir bauen eine Stadt

Spiel für Kinder: damit ist gemeint, daß dieses Stück mehr zur Belehrung und Übung für die Kinder selbst als zur Unterhaltung erwachsener Zuschauer geschrieben ist. Den jeweiligen Bedürfnissen des spielenden Kinderkreises entsprechend kann die Form des Stückes geändert werden: Lieder können wegbleiben, andere Musikstücke, Tänze oder Szenen können eingeschoben werden. Die Zahl der mitspielenden Kinder kann beliebig groß sein; auch für das »Orchester« ist außer der Mindestzahl von drei Spielern keine bestimmte Besetzung vorgeschrieben. Sind viele Musikanten vorhanden (darunter vielleicht solche mit anderen Instrumenten als den in der hier notierten Tonhöhe stehenden), können sie durch Oktavverdopplungen der beiden Außenstimmen den Satz ein wenig interessanter gestalten. Durch Tamburin, Trommeln und anderes leicht zu bedienendes Schlagzeug kann die Musik noch weiter aufgeputzt werden. Zum Studium dient diese Partitur, die mit geringfügigen Änderungen als Klavierstimme benutzt werden kann.

1930

Erstveröffentlichung: Paul Hindemith, *Wir bauen eine Stadt. Spiel für Kinder*, B. Schott's Söhne, Mainz.

Sabinchen

Die Art, wie man bisher musikalische Hörspiele geschrieben hat, halte ich nicht für richtig. Sie sind entweder ein in seltensten Fällen künstlerischen Anforderungen genügendes Gemisch akustischer Tricks, bei denen die Musik die Sprechstimmen und Geräusche stört, oder sie sind so mit Musik versehen, daß kein Unterschied zwischen ihnen und einer Oper, einer Kantate oder irgendeinem Stück absoluter Musik besteht. Ich habe versucht, in dem Hörspiel »Sabinchen« die Musik als Grundlage alles akustischen Geschehens zu benützen. Die Musik bestimmt nicht nur den formalen Ablauf, aus ihr ergeben sich auch Rhythmus, Tonstärke und Farbe der jeweils benötigten sonstigen klanglichen Zutaten. Statt einer sinnlosen Aneinanderreihung akustischer Eindrücke soll dem Zuhörer eine seine künstlerischen Bedürfnisse befriedigende Komposition geboten werden, die mit den Mitteln der Mikrophonübertragung arbeitet und die Ausführung ohne sichtbaren Interpreten bewußt als Kunstmittel benutzt. Die allbekannte Moritat vom tugendhaften Sabinchen und dem Schuster aus Treuenbrietzen schien mir als Grundlage für einen solchen Versuch sehr geeignet.

[1930]

Erstveröffentlichung: Programmheft *Neue Musik Berlin 1930.*

Originalwerke für Schallplatte

Diese Platten sind die allerersten Experimente auf dem Gebiete einer originalen künstlerischen Produktion für die Schallplatte. Die Autoren möchten an diese mit unzulänglichen technischen Mitteln und ohne ausreichende Erfahrungen unternommenen Versuche nicht den strengen Maßstab eines Kunstwerkes angelegt wissen. Sie sind sich bewußt, mit diesen Platten nichts weiter als kleine unterhaltende und scherzhafte Stücke geliefert zu haben, deren Wirkung durch Aufnahmetricks (Einkopieren, Mischen, Überblenden, Tonhöhenwechsel usw.) hervorgerufen wird, und die vielleicht den Anfang einer weiteren künstlerischen Verwertung der spezifischen Möglichkeiten der Schallplatten darstellen können. Sie könnten für die mechanisch reproduzierte Musik eine ähnliche Bedeutung bekommen, wie sie die Trickphotographie für den Film erreicht hat.

[1930]

Erstveröffentlichung: Programmheft *Neue Musik Berlin 1930*. Der Text ist nicht namentlich unterzeichnet, doch lassen stilistische Merkmale auf Hindemith als Autor schließen.

Martinslied op. 45, 5

Die Dichtung stammt von Johannes Olorinus, d.i. Pfarrer Johannes Sommer zu Osterwieddigen, und ist unter dem Titel erschienen: Martins Gansz, allen Mertens Brüdern zur Erlustigung wohlmeinendt geschrieben <Magdeburg 1609>.

Die Vokalpartie dieses Stückes kann von einem Einzelnen oder vom Chor gesungen werden. Bei zwei Sängern kann der eine die Nummern 2 und 4, der andere 3 und 5 übernehmen. Tritt zu einer oder zwei Solostimmen der Chor als Ergänzung, so singt er Nummer 2 und die Schlußtakte von Nummer 5.

Das in beliebiger Stimmenzahl und Zusammensetzung zur Begleitung nötige Orchester wird nach dem in Nummer 1 gegebenen Plan in hohe, mittlere und tiefere Stimmen eingeteilt. Es steht dem die Einstudierung Leitenden frei, die vorhandenen Mitspieler nach ihren Fähigkeiten und Wünschen zu den betreffenden Stimmgruppen einzuteilen, ebenso kann er nach Belieben die obere Oktave der hohen und die tiefere Oktave der tiefen Stimmen mitspielen lassen.

Sänger und Spieler dieses Martinsliedes! Bitte versucht, diese Musik leicht und fröhlich wiederzugeben, seid guten Willens. Nehmt das Stück nicht zum Anlaß, über Zeitströmungen, Richtungen und technische Probleme zu streiten: es ist nicht wichtig genug. Suchet vielmehr singend und spielend zu erfassen, wie diese Musik gemacht ist, wie die Teile zueinander stehen, in welchem Verhältnis der Aufwand zur Wirkung steht. Lernt es so zu kennen und glaubt nicht, genug getan zu haben, wenn ihr bemerkt habt, daß das Gänseschnattern mitkomponiert ist. Erprobt Eure Kräfte und werdet in der Arbeit heiter – zu Eurer und des Komponisten Zufriedenheit.

[1931]

Erstveröffentlichung: Paul Hindemith, *Sing- und Spielmusiken für Liebhaber und Musikfreunde: Martinslied für einstimmigen Gesang (Einzelstimme oder Chor) und Instrumente*, B. Schott's Söhne, Mainz und Leipzig, Edition Nr. 1570.

Plöner Musiktag

Diese Stücke wurden für ein kleines Musikfest geschrieben, das im Frühjahr 1932 in der Staatlichen Bildungsanstalt zu Plön stattfand. Dem Zweck entsprechend, die musikliebende Jugend zu belehren und zu unterhalten, habe ich mich bemüht, eine Musik zu schreiben, die dem Spieler und Hörer dieser Kreise in jeder Beziehung zugänglich ist. In harmonischer, melodischer, sing- und spieltechnischer Beziehung glaube ich deshalb in der Auswahl der Mittel reichlich vorsichtig gewesen zu sein, zumal in den Orchester- und Chorstücken der Kantate, in denen ja jeder, der überhaupt Noten lesen kann, in irgend einer Form sich an der Darstellung beteiligen soll. Die übrigen Orchesterstücke und die Begleitung in der Kantate setzen schon gewandtere Spieler voraus und zur Ausführung der Tafelmusik und der Kammermusikstücke des Abendkonzerts benötigt man Solisten, die in spieltechnischer und musikalischer Hinsicht mancherlei Fertigkeiten besitzen. Wenn auch bei Aufführungen von Musikstücken dieser Art nach möglichster Vollkommenheit getrachtet werden soll, so ist doch im Aufbau und im Satz der Stücke auf eine gewisse Unbeholfenheit der Spieler Rücksicht genommen, die der Leiter des Studiums nicht unterdrücken sollte. Es hätte gar keinen Sinn, Stücke dieser Art mit der glatten Brillanz eines hochgezüchteten Berufsorchesters vorzuführen, wie es ebenso falsch wäre, sie in einem großstädtischen Konzertsaal einem neugierigen Publikum darzubieten.

Die Verhältnisse sind der Abhaltung eines solchen Musiktages nicht überall so günstig wie in Plön. Man sollte nicht den falschen Ehrgeiz haben, um jeden Preis diese ganze Musik aufzuführen, es ist vielmehr wünschenswert, die Stücke den Umständen und Möglichkeiten entsprechend auszuwählen und einzurichten.

Berlin, im Sommer 1932

Erstveröffentlichung: Paul Hindemith, *Plöner Musiktag*, B. Schott's Söhne, Mainz, Edition Nr. 1626.

Symphonie »Mathis der Maler«

Die Oper »Mathis der Maler« behandelt in der Person des Mathias Grünewald Fragen, die für die Menschheit, soweit sie mit Kunstdingen in Berührung kommt, so alt und wichtig sind wie die Kunstausübung selbst.
Stücke aus dieser Oper, Vor- und Zwischenspiele und Szenenteile, die für den Konzertsaal umgedacht und für Orchester umgeschrieben wurden, bilden die Symphonie.
Die drei Sätze beziehen sich auf die entsprechenden Tafeln des Isenheimer Altars. Mit musikalischen Mitteln wird versucht, demselben Gefühlszustand nahezukommen, den die Bilder im Beschauer auslösen.
An melodischen Bauteilen werden verwendet: im »Engelkonzert« ein altes Lied (»Es sungen drei Engel ein süßen Gesang«), das einer ruhigen Einleitung zur Unterlage dient.

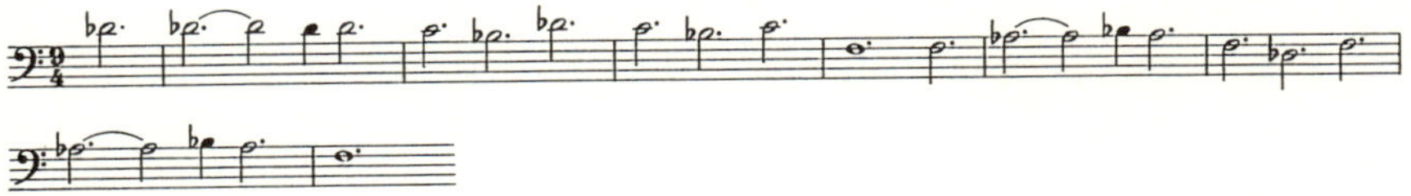

Zwei weitere Themen bestreiten den schnellen, breit ausgeführten Hauptteil, indem sie erst einzeln, dann miteinander und endlich noch mit dem Engellied verwoben vorgeführt werden.

In der »Grablegung« wird der starren, fahlen Leblosigkeit des einen Themas die Innigkeit und Milde des zweiten gegenübergestellt.

Eine große Zahl von Melodiegruppen beherrscht die »Versuchung«, auch die Form weist eine dem Vorwurf entsprechende Reichhaltigkeit auf, die durch verschiedene Kompositionsmittel zusammengefaßt wird. Ein kurzer, langsamer Teil entwickelt sich auf folgender Linie:

Im Hauptteil sind es hauptsächlich drei größere Gruppen, die sich auf mannigfache Weise gegenübertreten.

Nach einer kurzen Steigerung folgt ein kurzes Fugato, das mit Bestandteilen des Beispiels 6 verbunden wird. Die noch hinzutretenden ersten

Verszeilen der Sequenz »Lauda Sion Salvatorem« mit nachfolgendem »Hallelujah« bilden den Schluß des Stückes.
Der Hörer sei gegen alles, was ihm in diesem Stück neu und ungewohnt erscheinen mag, nicht sofort ablehnend eingestellt. Der Verlauf der Musikgeschichte zeigt, daß man sich noch immer an Klangfarben, Melodien, Zusammenklänge und Formabläufe gewöhnt hat, wenn ihnen musikalische Kraft und Logik zugrunde lagen. Jede Musik, die auf dem Boden unserer großen Überlieferung und mit verantwortungsvollstem Ernste geschrieben wurde, darf auch vom Hörer guten Willen und tätige Mitarbeit fordern.

[1934]

Erstveröffentlichung: Programmheft zur Uraufführung der *Symphonie »Mathis der Maler«* am 12. März 1934 in Berlin. Wilhelm Furtwängler dirigierte die Berliner Philharmoniker.

Mathis der Maler

Eine Oper, die den Maler Matthias Grünewald zum Helden hat, kann noch weniger als irgendeine andere Dramatisierung historischer Personen ein genauer Bericht über den Verlauf eines längeren oder kürzeren Lebensabschnittes sein: über seine persönlichen Schicksale sind nur wenige Daten auf uns gekommen. Er gilt deshalb im vorliegenden Falle als die Verkörperung von Erwägungen, Wünschen und Zweifeln, die das Gemüt aller ernst wirkenden Künstler von jeher bewegt haben: für wen werden Kunstwerke erschaffen, welchen Zweck haben sie, wie kann sich der Künstler seinem Gegenpart verständlich machen? Der Mann, der in die verborgensten Urgründe schöpferischer Arbeit schauen will, verfällt unfruchtbaren Grübeleien, verzweifelt an seiner Sendung und stürzt sich in Aufgaben, deren Lösung ihm für das Wohlergehen seiner bedrückten Mitmenschen jetzt wichtiger erscheint als die Erfindung von Kunstwerken; er zieht in den Krieg und kämpft an der Seite der aufständigen Bauern gegen Adel und Kirche und damit gegen seinen bisherigen Herrn, den Mainzer Kardinal Albrecht. Das erträumte

Wunschbild ehrlichen Kampfes und gerechten Sieges steht in krassem Widerspruch zur häßlichen Wirklichkeit des Bauernkrieges. Mathis sieht bald die Kluft zwischen sich und seinen Kampfgenossen und als die Bauern die entscheidende Niederlage erleiden, ist er in seiner Verzweiflung so tief gesunken, daß nicht einmal mehr der Tod von eigener oder fremder Hand sich seiner erbarmt. In einer allegorischen Szene erlebt er die Versuchung des heiligen Antonius, alle Gewalten seines aufgewühlten Innern stürzen als Plagegeister auf ihn ein und verlangen Rechenschaft über sein Tun. Die Erkenntnis, zu völliger Nutzlosigkeit verdammt zu sein, schmettert ihn nieder. Die szenische Gestaltung lehnt sich in der Folge eng an den Besuch des heiligen Antonius beim heiligen Paulus in der Thebais an, wie er auf Grünewalds Tafel des Isenheimer Altars dargestellt ist. Mathis in der Gestalt des Antonius wird von Paulus, unter dessen allegorischer Figur der Kardinal Albrecht zu erkennen ist, über seine Fehler aufgeklärt und über den rechten Weg belehrt, den er in Zukunft einzuschlagen hat. Die Bekehrung zur bewußten, mit allen Kräften zu leistenden künstlerischen Arbeit gelingt. Mathis weiht den Rest seiner Tage seiner Kunst, die nunmehr im Glauben an die vom Himmel verliehene Begabung und an die Verwurzelung im heimatlichen Boden gegründet ist.

Im Übermaße des Schaffensdranges und der Hingabe ergießt sich sein Geist und seine Kraft in seinem Werk, dessen spärliche aber dennoch überwältigende Reste wir heute noch in Colmar, Karlsruhe, Stuppach, München und andernorts staunend verehren. Der Schluß der Oper zeigt ihn, wie er erschöpft und leer nach diesem Ausbruch schöpferischer Besessenheit still der Kunst entsagt, da er der Welt nichts mehr zu geben hat. Er legt – genau wie sein Vorbild kurz vor seinem Tode – all seine Habe als Hinterlassenschaft für seine Erben in eine Truhe nieder, wobei all die eingesargten kleinen Gegenstände zu Sinnbildern seines Strebens, Irrens und Wiederfindens werden. Dann zieht er zum letztenmal hinaus, um demütig arbeitend den Tod zu erwarten. Er stirbt in Halle als Mühlenarchitekt.

Diese Handlung, die zwar nur den Dornenweg eines Einzelnen zeigt, aber an dem Beispiel eines der größten deutschen Meister die allgemeingültigen Fragen künstlerischen Schaffens aufwirft, steht vor einem Hintergrunde, wie man ihn für ein Bühnenstück nicht spannender und lebhafter denken kann: Man erlebt am Hofe des Mainzer Erzbischofs die anbrechende Renaissance, die sich bekämpfenden Parteien der Lutheraner und der Strenggläubigen, wird in die düsteren Geschehnisse des Bauernkrieges verflochten und gerät schließlich in die phantastische Fabelwelt von Höllentieren und Schreckfratzen, wie wir sie aus Mathis' Colmarer Versuchungstafel kennen.

[1938]

Erstveröffentlichung: Neue Zürcher Zeitung, 29. Mai 1938, Beilage »Das Wochenende«.

Mathis der Maler

Von dem Leben des Malers Mathis Nithart war bis vor zwanzig Jahren so gut wie nichts bekannt. Einer der grössten Künstler des ausgehenden Mittelalters, dessen Werke heute eindringlicher als je ihre Sprache reden, lebte im Bewusstsein seines Volkes in einem Zustande gespenstischer Verschleierung, die sogar seinen Namen verdeckt hatte: Die spärlichen grossartigen Reste seiner umfangreichen Lebensarbeit trugen den aus Legenden, falschen Überlieferungen und Missverständnissen geborenen Namen Matthias Grünewald. Die neueste Forschung hat uns jedoch gelehrt, dass dieser Mann, der nach Art anderer mittelalterlicher Meister auf mehreren Gebieten künstlerischer und technischer Arbeit tätig war, in Seligenstadt im heutigen hessischen Starkenburg ansässig und zunftzugehörig war, dass er einen Teil seines Lebens in Frankfurt und in den zum Erzbistum Mainz gehörenden Orten zugebracht hat, dass er einem Adoptivsohn seine in zwei Truhen niedergelegte Habe hinterliess und im Alter in Halle als Mühlenbauer sein Leben beschloss. Die politischen und religiösen Kämpfe einer wildbewegten Zeit scheinen ihn zuinnerst berührt zu haben. Aus den erregenden und aufwühlenden Szenen seiner Bilder entnimmt man leicht, dass er Elend, Krankheit und Krieg nicht

nur als müssiger Beschauer erlebt hat. Ist es nicht ein Wagnis, mit dieser geringen Stütze spärlicher Daten ein Opernbuch zu erfinden? Vom Musiker und Bühnendichter wird man kein Werk erwarten, das den wissenschaftlichen Anforderungen eines Kunsthistorikers genügt, man wird ihm aber zweifellos zubilligen, was einem Maler geschichtlicher Personen und Geschehnisse von jeher erlaubt war: Zu zeigen, was ihn das Buch der Vergangenheit in seinen Zeilen lesen liess, in seiner Phantasie Handlungen und Gegenhandlungen zu erfinden, die denen des gewählten historischen Vorwurfes ähneln; die so entstehenden Spannungen auf seine eigene Weise zu lösen. So stellt er den Zuschauer mitten in das Wechselspiel zweier Erlebnisströme – des geschichtlich getreuen und des phantasiegeborenen dargestellten – deren Quellen und Triebkraft allerdings stark genug sein müssen, um die Teilnahme des Betrachtenden wachzuhalten, ja um ihn durch die Gewalt ihres Fliessens mitfortzureissen.
Sobald die Vorliebe für das Schicksal, die Taten und Meinungen eines bemerkenswerten Menschen Mengen entflammbaren Stoffes aufgehäuft haben, so dass Phantasie und Begeisterung mit einem einzigen schöpferischen Funken zum Auflodern bringen müssen, dann sind für den seines Handwerks kundigen Theaterdirektor die günstigsten Bedingungen zur Schaffung einer Bühnenhandlung gegeben. Und der Maler Mathis ist eine Figur, die solche Begeisterung erwecken kann. Diese reizvolle, problematische, menschlich und künstlerisch rührende, also im besten Sinne dramatische Figur. Obwohl ein Maler wie er die folgenschweren Kunstleistungen der beginnenden Renaissance voll erkennt, entscheidet er sich in seinem Werke doch zu äusserster Entfaltung des Überlieferten, ähnlich wie zwei Jahrhunderte später sich J. S. Bach im Strome des musikalischen »Fortschritts« als ein Bewahrer erweist.
Der zur allerhöchsten möglichen Kunstfertigkeit vorgedrungene Mensch gerät in die damals gewaltig arbeitenden Maschinerien des Staates und der Kirche mit dem Erfolg, dass er in seiner Kraft wohl dem Druck dieser Mächte standhält, aber seiner eigenen Bedrängnisse nicht mehr

Herr wird und sich in Gemälden von unheimlichster Ausdruckskraft freimacht. Wie tief müssen die von ihm durchwanderten Abgründe des Wankelmuts und der Verzweiflung gewesen sein, wenn er, der an der Schwelle zur Neuzeit dem mittelalterlichen Glaubensgefühl noch einmal wie in einer allerletzten unbegreiflich entwickelten Blüte innerlichsten Ausdruck gegeben hatte, sich der lutherischen Reformation zuwendet und offenbar schliesslich der künstlerischen Arbeit entsagt! Die Wogen der Ereignisse schlagen über ihn hinweg wie über einen Felsen im stürmischen Meere. Sie haben den grössten Teil seines Werkes verschlungen, seinen Namen für Jahrhunderte fortgespült, aber sie haben nichts vermocht gegen die Kraft seiner Kunst, die über Zeiten und Räume hinweg der Zerstörung getrotzt hat. Sie hat eine Auferstehung erlebt, die über die Leiden ihres Schöpfers und den Verlust seiner restlichen Lebensarbeit hinwegtrösten könnte, sie ist mit einem Glorienschein umgeben, in welchem alles irdisch Geformte wie in einem reinigenden Feuerbade seine allzu feste Gestalt verliert und sein eigentliches Wesen offenbart – just wie im unirdischen Lichte des Isenheimer Himmelfahrtbildes. Vielleicht erscheint es anmassend, das Schicksal eines Mannes, der solches bewirkte, gestalten zu wollen, so lange ein Schaffender nicht die Gewissheit in sich fühlt, wenigstens einen guten Teil der Höhe künstlerischer Einsicht zu erklimmen, die Mathis einst zu eigen war. Wer könnte dies aber reinen Gewissens von sich sagen. So möge denn die Liebe zu einem unerreichbaren Vorbilde den Versuch begreiflich erscheinen lassen. So unvollkommen Form und Verlauf dieses Opfers verehrungsvoller Zuneigung auch sein mögen, ein schwacher Widerhall des ehrlichen Rufes nach Begnadung und möglichster Reinheit, mit dem es unternommen wurde, müsste aus jeder Seite der Partitur zu vernehmen sein.

[1938]

Abdruck nach einem Manuskript aus dem Nachlass Paul Hindemiths. Das Manuskript stellt eine erste Fassung des Textes dar, der im Programmheft zur Uraufführung der Oper *Mathis der Maler* publiziert wurde (vgl. folgenden Text).

Mathis der Maler

Vom Musiker und Bühnendichter wird man kein Werk verlangen, das den wissenschaftlichen Anforderungen eines Kunsthistorikers genügt, ihm ist aber zweifellos zuzubilligen, was einem Maler geschichtlicher Personen und Geschehnisse von jeher erlaubt war: zu zeigen, was ihn die Historie lehrte und welchen Sinn er in ihrem Ablauf erkennt. Wenn ich versucht habe, in bühnenmäßiger Form darzustellen, was ich aus den wenigen Lebensdaten des Mathis Gothart Nithart las und welche Verbindungen zu seinen Werken sie mich erahnen ließen, so deshalb, weil ich mir keine lebensvollere, problematischere, menschlich und künstlerisch rührendere, also im besten Sinne dramatischere Figur denken kann als den Schöpfer des Isenheimer Altars, der Karlsruher Kreuzigung und der Stuppacher Madonna.
Ein Mann, dessen Gestalt im Vexierspiel der Legende so zum Schatten geworden war, daß man selbst seinen richtigen Namen jahrhundertelang nicht mehr kannte, der aber trotzdem in seiner Kunst noch heute mit unheimlicher Eindringlichkeit und Wärme zu uns spricht. Dieser Mensch, mit der denkbar höchsten Vollkommenheit und Erkenntnis seiner künstlerischen Arbeit begnadet, dafür aber offenbar von allen Höllenqualen einer zweifelnden, suchenden Seele geplagt, erlebt mit der ganzen Empfänglichkeit einer solchen Natur am Beginn des 16. Jahrhunderts den Einbruch einer neuen Zeit mit ihrem unvermeidlichen Umsturz der bisher geltenden Anschauungen. Obwohl er die folgenschweren Kunstleistungen der angehenden Renaissance voll erkennt, entscheidet er sich in seiner Arbeit doch zu äußerster Entfaltung des Überlieferten, ähnlich wie zwei Jahrhunderte später sich J.S. Bach im Strome des musikalischen Fortschritts als ein Bewahrer erweist. Er gerät in die damals gewaltig arbeitenden Maschinerien des Staates und der Kirche, hält mit seiner Kraft dem Drucke dieser Mächte wohl stand, in seinen Bildern berichtet er jedoch deutlich genug, wie die wildbewegten Zeitläufe mit all ihrem Elend, ihren Krankheiten und Kriegen ihn erschüttert haben.

Wie tief müssen die von ihm durchwanderten Abgründe des Wankelmuts und der Verzweiflung gewesen sein, wenn er, der an der Schwelle der Neuzeit dem mittelalterlichen Glaubensgefühl noch einmal wie in einer allerletzten unbegreiflich entwickelten Blüte innerlichsten Ausdruck gegeben hatte, sich der lutherischen Reformation zuwendet und offenbar schließlich der künstlerischen Tätigkeit entsagt. Er stirbt im Alter in Halle als Mühlenerbauer. Dies ergreifende Ende nach so viel Ausbrüchen künstlerischer Kraft, voller Bescheidung, fern der Heimat und der Kunst, vielleicht ist es die stumme Resignation vor der Nichtigkeit irdischen Werkes, vielleicht der Untergang eines von Verzweiflung Geschlagenen, vielleicht auch wandelt hier auf höherer ruhigerer Bahn ein Mann zu Grabe, der den Ausgleich zwischen den Wonnen und Greueln seiner Seele endlich gefunden hat.
So möge denn dieser aus Historie und Phantasie geborene Mathis im Reigen seiner Gegenspieler die Bühne betreten. Sie alle außer dem Mädchen Regina haben ihre historischen Vorbilder: Der so oft von Cranach und Dürer dargestellte Kardinal, ein Mann von hohen Fähigkeiten aber schwankendem Charakter, vom Schicksal im Alter von 25 Jahren an den Platz des obersten deutschen Kirchenfürsten gestellt, wo ein Stärkerer den nächsten hundert Jahren mitteleuropäischer Geschichte einen anderen Lauf hätte aufzwingen können; der Rebell Schwalb, den man als Verfasser von gereimten Flugblättern aus der Bauernkriegszeit findet; der wendige Capito, dessen politische Ränke selbst den wankelmütigen Kardinal eines Tages abstießen; der Domdechant Pommersfelden, vom Kardinal wegen seines Starrsinns verhaftet und in Ungnade versetzt; und Ursula Riedinger, deren Grabmal noch heute in der Aschaffenburger Stiftskirche zu sehen ist. Was sie reden, scheint mir die Gesinnung und Meinung von Menschen wiederzugeben, die ich aus meiner Heimat kenne; und auch was sie singen ist nicht durchweg freie Erfindung: Alte Volkslieder, Streitgesänge aus der Reformationszeit und der gregorianische Choral bilden den nährenden Boden für die Mathis-Musik, die zum mindesten einen schwachen Widerschein des Lichtes verbreiten

soll, unter dessen wärmenden Strahle sie aufblühen konnte: Vom belebenden Geiste eines der größten Künstler, die wir je besaßen.

[1938]

Erstveröffentlichung: Programmheft zur Uraufführung der Oper *Mathis der Maler* am 28. Mai 1938 in Zürich.

Nobilissima Visione

The suite, »Nobilissima Visione« consists of three movements:
1. Introduction and Rondo
2. March and Pastorale
3. Passacaglia

The ballet score was written for the »Ballets Russes de Monte Carlo«. The stage premiere took place, July, 1938, in London, at the Drury Lane Theatre. The first concert performance of the suite occured September, 1938, at the Venice Biennale. The suite consists of those sections of the ballet score which are self-sufficient and comprehensible as concert music, and which do not depend, therefore, on supplementary stage action.

The introduction consists of that part of the original music during which the hero of the action (Franziskus) is sunk in deep meditation. The Rondo corresponds to the music in the stage score for the mystic union of the Saint to the Mistress Poverty, the scene having been inspired by an old Tuscan legend. The music reflects the blessed peace and unworldly cheer with which the guests at the wedding participate in the wedding feast – dry bread and water only.

The second movement pictures the march of a troop of medieval soldiers. First heard but distantly, their gradual approach is observed. The middle portion of this movement suggests the brutality with which these mercenaries set upon a travelling burgher and rob him.

The pastorale section of the second movement pictures the sleeping St. Francis. In his inspired dream he visions the appearance of three symbolic female figures: Obedience, Chastity and Poverty. The short

closing section of this movement intimates a scene, often on paintings of Sassetta and other early painters of the Florentine School. These artists picture the sleeping St. Francis. Poverty, her eyes fastened on him, is his constant companion.
The third and closing movement, Passacaglia, corresponds to the portion of the ballet score, representing the dance: Hymn to the Sun. Here all the symbolic personification of heavenly and earthly existence mingle in the course of the different Variations through which the six-measure-long theme of the Passacaglia is transformed. In the ballet this closing piece bears a special title borrowed from a chapter heading in an old version of the »Cantique du Soleil«, which reads: »Incipiunt laudes creaturarum«.

[1939]

Erstveröffentlichung: Programmheft zu drei Konzerten am 8., 10. und 11. April 1939 in Philadelphia. Hindemith dirigierte bei diesen Konzerten des Philadelphia Orchestra die Suite aus Sätzen seines Balletts *Nobilissima Visione* (1938). Unter der Leitung von Eugene Ormandy spielte das Philadelphia Orchestra außerdem ein für großes Orchester transkribiertes *Passacaglio* von Dietrich Buxtehude, die *Symphonie* Nr. 40 g-moll von W. A. Mozart sowie die Ouvertüre *Osterfest* von Nikolai Rimski-Korsakow.

Hérodiade

Anweisungen für die Aufführung als Tanzstück

Hérodiade ist ein Versuch, Worte, poetische Idee, lyrischen Ausdruck und Musik in ein einheitliches Ganzes zusammenzuschmelzen, dabei aber auf das Ausdrucksmittel, das einer solchen Mischform am natürlichsten sich darbieten würde, den Gesang nämlich, völlig zu verzichten. Der Grund für diese Einschränkung ist im Zwecke der Komposition zu suchen: Sie wurde als Tanzwerk für die Bühne geschrieben (Martha Graham hat sie als solches vielmals aufgeführt), und die allbeherrschende Singstimme hätte den Zuschauer von seiner an die Bühnenvorgänge gebundenen Aufmerksamkeit nur ablenken können. Die aber auch für ein solches Werk wünschenswerte Verschmelzung des poetischen Vorwurfs mit der Musik konnte daher nur erreicht werden, indem die Melodielinien, die alltäglicherweise einer Singstimme zugefallen wären,

den Orchesterinstrumenten übertragen wurden. Eine derartige »orchestrale Recitation« kann dem Text wörtlich folgen, so weit sogar, daß selbst der Tonfall tranzösischer Versdeklamation sich in den Kadenzen der Melodiezüge ausprägt. Darüber hinaus befreit sie den Komponisten von den einengenden Arbeitsbedingungen, die ihm eine menschliche Stimme diktiert, er braucht aber trotzdem nicht auf die dem Gesang eigenen Ausdruckskräfte der Deklamation und Artikulation zu verzichten. Schließlich kann er die nicht vokalen Melodielinien noch mit stets wechselnden Farben abtönen, und der gesamte Umfang der Töne vom tiefsten des Kontrabasses bis zum höchsten der Flöte steht seinem Gesang zur Verfügung. Eine solch vielseitig ausgeweitete musikalische Deklamationslinie, der zwar die menschliche Unmittelbarkeit vokalen Ausdrucks mangelt, die aber um so mehr der schillernden und spröden Künstlichkeit des Instrumentenklanges sich bedient, ist sie nicht das Ausdrucksmittel, das Mallarmés herrlich hochgespanntem, ebenso schillerndem, sprödem und künstlichem Werk am besten entspricht?
Der Text ist ein Zwiegespräch, das durch die Musik in seiner Wirkung betont und vertieft werden soll. In ihm ringt Hérodiade angesichts ungeformter (und vielleicht unformbarer) Eindrücke nach einer durch Worte erklärbaren Gestaltung ihres Fühlens. Ihre alte Amme ist ihr teils helfender, teils unverstehender Gegenpart. Die musikalische Gestalt will die Sprache widerspiegeln, die bis zu den geheimsten Quellen poetischen Ausdrucks vordringt. Die Amme findet stets in sanften Themen der Streichinstrumente ihre musikalische Darstellung, jedoch Hérodiades außerordentlich impulsive, ausdrucksvolle und symbolistische Sätze sind mit den solistischen oder zusammenklingenden Stimmen aller am Stücke beteiligten Instrumente verbunden.
Das Stück wird zwar ohne Pause gespielt, aber kleine Unterbrechungen zwischen manchen der 11 Musiknummern (in der folgenden Aufzählung durch abtrennende Striche bezeichnet) sollen dem Hörer das Verstehen der Form bei einer rein musikalischen Aufführung ohne Bühne erleichtern.

1. In einem kurzen Vorspiel wird der Hörer in die Grundstimmung des Stückes eingeführt. Einigen Einleitungstakten, von den Streichern vorgetragen, folgt eine weitgebogene Melodielinie, der sich wiederum die Einleitungsmusik anschließt, diesmal von den Bläsern gespielt.
2. Das eigentliche Stück beginnt mit den zwei Anfangssätzen der Amme: »Tu vis! ou vois-je ici l'ombre d'une princesse?« in Form eines kurzen Streichquartettsatzes. Ihm folgt
3. ein etwas längeres Stück, (Modéré), in welchem Flöte und Oboe vorherrschen (Hérodiade: »Reculez. Le blond torrent de mes cheveux immaculés...«).

---

4. Wiederum ein kurzes, die Amme charakterisierendes Quartett (»Si-non la myrrhe gaie...«), und hierauf
5. Hérodiades Ausbruch »Laisse là ces parfums!« (Vif), an dem alle Instrumente sich beteiligen.
6. Die Amme: »Pardon! L'âge effaçait, ...«
7. Hérodiades Szene vor dem Spiegel (»O miroir! Eau froide par l'ennui dans ton cadre gelée...«), die als Arie für die Klarinette gespielt wird und in ihrem kurzen Verlauf den weiten klanglichen und ausdrucksmäßigen Umfang dieses Instrumentes ausnützt.

---

8. Agité, ein erregtes und energisches Stück für alle Instrumente, das durch wiederholte schüchterne Einwürfe der Amme unterbrochen wird (»Arrête dans ton crime«).
9. Das nach Länge, Ausdruck und Intensität wichtigste Stück des Werkes, das als triumphierendes, wild-walzerhaftes »Vif et passioné« (»Oui, c'est pour moi, pour moi, que je fleuris, déserte!«) bis zum Ende von Hérodiades Monolog reicht (»O charme dernier, oui! je le sens, je suis seule.«).

---

10. Arie für das Fagott (»Non, pauvre aieule«), der ein kurzer Abgesang der Holzbläser folgt (»Allume encore...«).

11. Mit einem kurzen pathetischen Finale (»Vous mentez, ô fleur nue de mes lèvres«) endet das Werk.

[1944]

Erstveröffentlichung: Paul Hindemith, *Hérodiade* (1944), Vorwort zum Klavierauszug, Edition Schott 4115

Das Marienleben

1.

Vor 25 Jahren habe ich das Marienleben nach Texten von Rainer Maria Rilke zum ersten Male veröffentlicht. Damals erschien mir trotz allem künstlerischen Verantwortungsgefühl, das ich angesichts der Größe des Vorwurfs aufbringen konnte, das Unternehmen hauptsächlich als ein Experiment, eine Kraftprobe, ein Herumschlagen mit einem Unbekannten, das zu bewältigen war. Was darüber hinaus der Zyklus bedeuten würde, für die Musikentwicklung im allgemeinen wie für meinen eigenen Fortschritt, konnte ich nicht übersehen. Seitdem sind die Lieder allenthalben aufgetaucht, wo immer ein Interesse an westlicher Musik herrscht. Sie waren der Natur der Sache nach nie ein Sensationserfolg, bildeten aber im Musikhaushalt bald so etwas wie einen Gebrauchsgegenstand, von dem man kein Aufhebens macht, dessen Nützlichkeit aber als selbstverständlich hingenommen wird (vielleicht das Beste, was sich ein Komponist wünschen kann).

Der starke Eindruck, den schon die erste Aufführung auf die Zuhörer machte – erwartet hatte ich gar nichts –, brachte mir zum ersten Male in meinem Musikerdasein die ethischen Notwendigkeiten der Musik und die moralischen Verpflichtungen des Musikers zum Bewußtsein: Hatte ich mit dem Marienleben mein Bestes gegeben, so war dieses Beste trotz aller guten Absichten doch nicht gut genug, um ein für allemal als gelungen beiseitegelegt werden zu können. Ich begann ein Ideal edler und möglichst vollkommener Musik zu erschauen, das ich dereinst zu verwirklichen imstande sein würde, und ich wußte, daß von nun an das Marienleben mich auf diesem Wege leiten und mir zugleich als Maßstab für die Annäherung an das Ideal dienen würde. Diese teils sentimentale, teils kämpferische Einstellung zu einem schon fertig dastehenden Werk leitete schon bald zu schüchternen Verbesserungsversuchen. Ihnen folgten durchgreifendere Änderungen technischer und geistiger Art, und schließlich kam, zwar völlig auf der Basis der alten Fassung stehend, aber technisch und spirituell erneuert, das neue Marienleben zustande, das ich hiermit vorlege. Es ist das Resultat fortgesetzten Ausprobierens und Verbesserns. Manche Lieder sind bis zu fünfmal in voneinander gänzlich verschiedener Form geschrieben worden, andere (obwohl sie ungefähr die alten Umrisse beibehielten) hatten sich mehr als zwanzigmaliges Umändern einzelner Stellen gefallen lassen müssen. Ich habe nicht die Absicht, einen genauen Bericht über die Geschichte und Art all der Änderungen zu geben. Immerhin halte ich es aber doch für wichtig, dem Zyklus einige allgemeine Erläuterungen über Form und Inhalt der neuen Fassung voranzuschicken. Nicht mit erhobenem Zeigefinger (»Seht, wie herrlich alles ist!«), sondern als bescheidene Einladung an den Interessierten, sich in Probleme zu versenken, die nicht allzu leicht zugänglich unter der Oberfläche liegen, aber meines Erachtens symptomatisch sind: Es sind Lösungsversuche, die den großen Fragen der allgemeinen kompositorischen Entwicklung unserer Zeit parallellaufen.

2.

Eine der auffälligsten Schwächen der alten Fassung war die geringe Rücksichtnahme auf die Möglichkeiten und Erfordernisse der Singstimme. Der Weg der Gesanglinie wurde in sehr vielen Fällen von Erwägungen nichtvokaler Natur diktiert, sie enthielt schwer ausführbare (und manchmal sogar fast unmögliche) Fortschreitungen, unausgewogene Chromatik, widrige Intervallsprünge und tonal Inkommensurables. Es ist heute leicht einzusehen, warum das so war: Allgemein suchte man nach neuem melodischem Ausdruck, kannte aber kaum die technischen Vorbedingungen dafür. Selbst die erfahrensten Komponisten kannten

bestenfalls das neue melodische Material der äußeren Erscheinung nach, aber die Gesetze der Melodiebildung, wie wir sie heute in Sekundgängen, Zellen, Feldern und Melodiestufengängen kennen, schwebten ihnen höchstens als vage Ahnung vor.
Hinzu kam noch die »hochmoderne« Überzeugung, daß bei genügender Anstrengung jeder Sänger jede Schwierigkeit überwinden könne. Fühlte man sich mit dieser Ansicht denn nicht in guter Gesellschaft? Waren Bachs Gesanglinien nicht in höchstem Maße instrumental? Hatte Beethoven nicht die gefürchtetsten aller Gesangpartien geschrieben? War man nicht von der Wagnerschule her gewöhnt, daß fast alles andere wichtiger war als eine sangbare vokale Linie?
Heute weiß man, wie falsch diese Einstellung war. Es gibt fürs Singen wie auch für das Instrumentenspiel zwei Arten von technischen Schwierigkeiten. Die eine, welche, aus profundem Verstehen des klingenden Apparates geboren, diesen bis zum äußersten Grade anzustrengen wünscht, und die andere, welche, ohne besondere Rücksicht auf dessen natürliche Gegebenheiten, abstrakt-musikalisch die Klänge zusammenstellt. Wie weit die erstgenannte Art der Widerstände überwunden werden kann, hängt völlig von der technischen Fertigkeit des Ausführenden ab. Ist er ein sehr guter Spieler oder Sänger, so kann er auf der Leiter technischer Vollkommenheit weiter hinaufsteigen als der weniger gute. In der zweiten Klasse gibt es aber allzu oft Fälle, die selbst durch hundertmaliges Wiederholen und nach wochenlangem Üben nicht leichter werden. Selbst wenn man genau weiß, wie man sie anzupacken hat, müssen sie bei jeder neuen Aufführung wieder mit demselben Übermaß an Willenskraft und technischem Einsatz bewältigt werden – sie sind gegen das Instrument geschrieben. In Gesangskompositionen läßt sich allerdings nicht immer leicht feststellen, welche der beiden Arten von Schwierigkeiten man vor sich hat. Leider ist ja die musikalische Erziehung der Sänger, vom rein Stimmtechnischen abgesehen, heutzutage noch viel schlechter als die der übrigen Musiker (die wahrhaftig schon genug zu wünschen übrig läßt!), und man muß froh sein, wenn sich

ausnahmsweise einmal ein Sänger findet, der sich eine unkonventionelle melodische Linie beim Lesen korrekt vorstellen und sie dann wiedergeben kann, ohne fortwährend seine Zuflucht zu dem für Sänger besonders betörenden und verderblichen Gift der Klaviertasten nehmen zu müssen. Findet man ihn aber und bemerkt, daß auch er nach eifrigem Ausprobieren immer wieder an denselben Stellen hängen bleibt, so muß sich der Komponist fragen, ob sein Werk wirklich solch fruchtloser Anstrengungen wert ist. Meiner Ansicht nach kann man in jedem Kunstwerk im Rahmen seiner Darstellungsbedingungen die erste Art der technischen Widerstände so weit hinauftreiben, wie es den Ausführenden und Zuhörern genehm ist. Für die zweite Art hören aber über einem gewissen proportionalen Verhältnis von Zweck und Aufwand die Entschuldigungen für Schwierigkeiten auf.

Der Komponist, welcher Gesanglinien schreibt, die diesen Erwägungen nicht folgen, wird sich gerne auf den sogenannten Fortschritt, die Eingebung, die schöpferische Kraft berufen, sich vielleicht sogar auf Theorien stützen (die meistens nichts anderes sind als stilistische Modeerscheinungen der Satztechnik), wenn er es nicht gar vorzieht, auf die Sänger-, Spieler- und Hörerschaft einer zweihundert Jahre entfernten Zukunft zu rechnen, die seine Werke erst richtig ausführen und verstehen wird. Einer nüchternen Betrachtungsweise halten solche Gedankengänge nicht stand. Einer Eingebung (selbst der »fortschrittlichsten«), die sich nur in Unüberwindlichem äußern kann, fehlt es entweder an Erziehung, an Kenntnis oder an Selbstbeherrschung; eine Theorie, die unnötige und unproportionierte Schwierigkeiten nicht durch Leichteres ersetzen kann, ist nichts wert; und die Menschen in zweihundert Jahren werden noch immer ähnlich auf Musik reagieren wie die heutigen und die, welche vor Jahrhunderten lebten. Unsere Ohren haben sich im Laufe der Zeit zwar an vieles gewöhnt, aber unsere Stimmbänder werden sich so wenig zwingen lassen, ihnen Unnatürliches anzutun, wie eine Posaune, der man mit einer Flötentechnik beikommen will.

Der aufmerksame Beobachter wird in der neuen Fassung die Gesanglinie durchweg nach den hier entwickelten Gesichtspunkten angelegt finden. Man wird natürlich nicht so weit gehen wollen, Konzessionen an die Singstimme zu suchen, die aus wohlberechneten Linien schmalzige Kitschmelodien machen. Wer im Gegenteil aber Widerstände liebt, wird in den melodischen Linien noch genug Nüsse für den Sänger zu knacken finden.

Noch ein anderer Faktor war schuld an der Unsangbarkeit vieler Stellen im alten Marienleben. Vor einem Vierteljahrhundert glaubten viele, den Anbruch eines neuen kontrapunktischen Zeitalters zu erleben. Der Komponist, welcher kontrapunktische Musik schreiben wollte, brauchte – so glaubte man – nur Linien zu erfinden, die in sich selbst sinnvoll waren. Für die Zusammenklänge und ihre logische Folge ließ man den Himmel sorgen. Obwohl das alte Marienleben sich keineswegs auf diese heute gründlich überholte Meinung stützte, sündigte es doch immerhin mehr als unbedingt nötig in dieser Hinsicht: Die Gesanglinie bewegte sich oft genug so eigenwillig, daß im Zusammenklang mit dem Klavier sich störende Härten und sperrige Wendungen ergaben, die keineswegs durch den Text und durch den allgemeinen Stil des Werkes gerechtfertigt waren.

Freilich ist nicht immer leicht zu entscheiden, wieweit man die Selbständigkeit der Einzellinie treiben kann, zumal ja nicht nur technische Rücksichten, sondern auch der persönliche Geschmack den Stil bestimmen. Hier hilft nur höchste Materialkenntnis, genaues Abwägen von Zweck und Mitteln und ein durch unzählige (oft genug enttäuschende) Erfahrungen geschulter kritischer Sinn. Ich hoffe, in der neuen Fassung eine Lösung gefunden zu haben, welche die Wichtigkeit der Singstimme unterstreicht. Die Gesanglinie ist in ihr stets und ohne Ausnahme der Ausgangspunkt der Komposition gewesen, selbst in den Stücken höchstentwickelten Kontrapunkts. Obwohl sie durchweg als Bestandteil der Harmonien so berechnet ist, daß sie niemals ohne Grund ein gewisses Maß dissonanter Spannung überschreite, ist andererseits nie-

mals ihre klangliche und ausdrucksmäßige Sonderstellung außer acht gelassen worden.
Den leichtesten Zugang zum Verständnis der angewendeten Satztechnik wird der Leser finden, wenn er sich den zweistimmigen Satz ansieht, den durch den ganzen Zyklus hindurch die Singstimme mit der jeweils untersten Tonlinie des Klaviers bildet. Diese »übergeordnete Zweistimmigkeit« ist das Rückgrat und das Gerüst für die gesamte klangliche Erscheinung der Komposition. Sie hält die Harmonien zusammen, und auf ihr gleitet, wie auf einer Schiene, die tonale Entwicklung entlang.

3.

Die alte Fassung war im wesentlichen eine Reihe von Gesängen, zusammengehalten durch den Text und die in ihm voranschreitende Handlung, darüber hinaus aber keinem kompositorischen Gesamtplan folgend. Kein übergeordneter Drang nach Ordnung suchte dies lose Potpourri so zu verdichten und eindringlich zu machen, daß allein die rein formale Seite der Komposition dem Hörer schon einen erhöhten ästhetischen Genuß hätte bereiten können. Weise Kräfteverteilung, Berechnung der Höhen- und Tiefpunkte – das war dem Komponisten der alten Fassung unbekannt. Wie alle anderen verließ er sich, da er's nicht besser wußte, auf seinen musikalischen Instinkt. Ist die musikalische Potenz eines Komponisten stark genug, so lassen sich auf dieser Grundlage zwar erträgliche Ergebnisse erzielen – ausgesprochener Schund kann zum mindesten vermieden werden –, aber die subtilsten Einzelheiten kompositorischer Arbeit lassen sich so nicht erobern, und ohne diese läßt sich auch kein Höchstmaß künstlerischer Eindrücke beim Hörer hervorrufen.
In unserer neuen Fassung sind alle Faktoren (und viele andere, wie man im Verlaufe dieser Einleitung noch sehen wird) einkalkuliert worden. Ein Blick auf die Gesamtarchitektur des Werkes wird uns dies bestätigen.
Die fünfzehn Lieder ordnen sich jetzt in vier deutlich voneinander getrennte Gruppen. Die erste Gruppe endet mit dem vierten Liede, der

»Heimsuchung«, und in ihr sind alle Lieder vereint, die in lyrischer (Lieder 1, 3, 4) und epischer Weise (Lied 2) das persönliche Erleben Marias behandeln. Die zweite Gruppe enthält die dramatischeren Gesänge vom »Argwohn Josephs« bis zur »Hochzeit zu Kana«, in denen nur die »Geburt Christi« – teilweise wenigstens – noch einmal an die Idyllik der ersten Gruppe erinnert. In ihnen wird eine Fülle von Menschen, Handlungen, Landschaften und Umständen gezeigt, und nur im letzten dieser Lieder tritt unsere Haupthandelnde wieder aktiv auf. In der dritten Gruppe sehen wir Maria als Leidende. In dieser Gruppe wird nach größter Intensität des Ausdrucks, nach der Erregung sublimster Seelenstimmungen im Zuhörer gestrebt. In der vierten und letzten Gruppe erreichen wir den Punkt, wo in höchster Abstraktion fast nur noch rein musikalische Ideen und Formen sprechen: ein Epilog, in dem Menschen und Handlungen keine Rolle mehr spielen.
Die erste Gruppe verwendet, ihrem meist pastoralen Charakter entsprechend, als grundlegendes Metrum das dreiteilige, entweder in einfacher Form (3/4) oder in der Form 3/8 als konstituierenden Bestandteil höherer metrischer Ordnungen (6/8, 9/8, 12/8). In der zweiten Gruppe herrschen die basischen zweiteiligen Metren vor. In der dritten verliert – zum mindesten in den ersten beiden Liedern — das Metrum fast gänzlich seine Bedeutung, und in der letzten Gruppe herrscht völlige Freiheit, indem alle bisher dagewesenen drei- und zweiteiligen Metren in ungezwungener Folge auftreten.
Der dynamische Höhepunkt des gesamten Zyklus, das Lied nämlich, welches dem klanglichen Volumen, der Menge aufgewendeter Harmonie, der Vielfalt und Macht der Tonalität, der lapidaren Einfachheit des formalen Prinzips nach den höchsten Grad physischer Anstrengung in der Darbietung des Gesamtwerkes darstellt, ist die »Hochzeit zu Kana«. Sie übertrifft selbst noch den bis dahin geltenden dynamischen Höhepunkt, die Hirtenverkündigung, die trotz großem physischem Aufwand gleichförmiger und weniger impulsiv wirken soll. Bis zur »Hochzeit« ist die Kurve dynamischen Aufwandes in unentwegtem Ansteigen

begriffen, danach fällt sie ständig ab. Nur das allerletzte Lied des Zyklus erhebt sich noch einmal zu einer – bedeutend geringeren – Kraftanstrengung und bildet so den temporären Höhepunkt seiner eigenen (vierten) Gruppe. Der dynamische Höhepunkt der ersten Gruppe liegt im zweiten Lied, und die dritte Gruppe bringt den ihren gleich im ersten Lied (»Vor der Passion«), wonach die Kraftanstrengung sich innerhalb dieser Gruppe kontinuierlich verringert.

Dem dynamischen Höhepunkt des Gesamtwerkes wie auch den untergeordneten dynamischen Höhepunkten in den Einzelgruppen ist eine zweite Serie von Höhepunkten zur Seite gestellt. Bei ihr handelt es sich um den höchsten Grad expressiver Spannung. Das Lied, welches hier als Kulmination dient und zu dem alle anderen hinstreben, ist die »Pietà«. In der ersten Vierergruppe liegt das ausdrucksmäßige Zentrum im dritten Liede (»Mariä Verkündigung«), in der zweiten Gruppe nimmt »Geburt Christi« diese Stelle ein, und in der Endgruppe ist das Lied 14 (»Vom Tode Mariä II«) der expressive Höhepunkt.

Das letztgenannte Lied ist außerdem noch in anderer Beziehung ein Höhepunkt des Gesamtwerkes: derjenige des kompositorisch-intellektuellen Herstellungsprozesses. Es ist bei weitem das komplizierteste aller Lieder. Um dieses Stück zu überzeugender Klarheit zu bringen, bedurfte es besonders ausführlicher Arbeiten und Vorarbeiten. Diejenigen vorangehenden Lieder, welche in dieser Hinsicht auch starke Ansprüche an die Technik und ihre Überwindung stellten — die Passacaglia (Lied 2), die »Hochzeit« (9) und das erste Todeslied (13) — sind doch nur Vorstufen zu dieser relativ maximalen Anstrengung.

Die Anlage der Höhepunkte, graphisch dargestellt, nimmt sich demnach so aus:

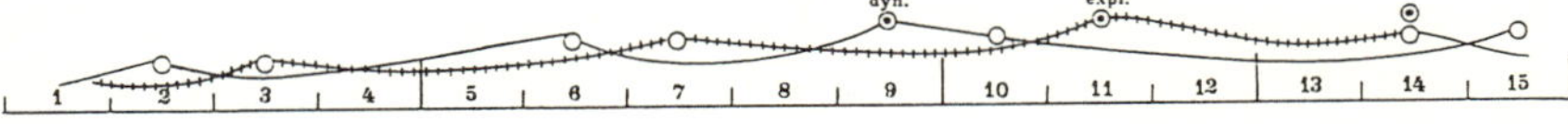

Gelingt es den Ausführenden, ihre Gestaltungskraft so zu dirigieren, daß diese Ordnung der Höhepunkte als solche verstanden wird und damit der Hörer einen klaren Eindruck von der Anlage des Werkes erhält, so haben sie für das Verständnis der formalen, melodischen und harmonischen Substanz der Einzellieder die beste Vorbereitung geschaffen.

4.

Diese Substanz soll jetzt etwas näher betrachtet werden – aber auch hier sollen meine Ausführungen dem Leser eher Stoff zum eigenen Nachdenken geben als erschöpfende Analyse sein.

Im ersten Liede (Geburt Mariä) wurde wenig geändert. Die Takte 21–32* ersetzen eine Version, die in ihrer harmonischen Härte zuviel Selbständigkeit hatte und dadurch dem als Brücke zwischen zwei bedeutungsvolleren Konstruktionsgliedern dienenden Teil zu große Wichtigkeit gab.

In der »Darstellung Mariä im Tempel« wurde die Idee der Passacaglia beibehalten, da sie am besten in hörbarer Form wiederzugeben scheint, was als sichtbare im Text suggeriert wird: ein im ruhigen Voranschreiten ständig schweifender und unaufhörlich neue Aspekte bietender Blick auf gigantische, trotz ihrer Vielfalt als Einheit empfundene Architektur. Auch die dynamische Einteilung des Stückes ist im wesentlichen die gleiche geblieben. Schließlich ist auch der Ausdruckscharakter der einzelnen Variationen in beiden Fassungen derselbe. Im Melodischen und im Harmonischen ist aber gründlich geändert worden. Das Thema selbst ist auf eine klarere harmonische Basis gestellt worden, und tonal geht es mit größerer Bestimmtheit seinen Weg. Auf eine klare tonale Entwicklung der Gesamtform wurde größte Sorgfalt verwendet. Die harmonische Dichte – die neben Tempo und Metrum unabhängige Schnelligkeit in der Aufeinanderfolge der Harmonien – wurde nirgendwo dem Zufall überlassen. Das harmonische Gefälle, das ja gerade bei der Behandlung eines achtzehnmal auftretenden ausgedehnten Ostinatos

* Taktangaben beziehen sich stets auf die neue Fassung.

eines der wichtigsten Baumittel ist, überläßt den Grad harmonischer Kompliziertheit jedes Akkords keineswegs mehr dem fürs Harmonische ja nicht bindenden Zusammentreffen von Melodieläufen, sondern läßt uns ihn darüber hinaus in seiner klanglichen Eigengesetzlichkeit verstehen, so daß wir ihn an den Platz seiner günstigsten tonalen Wirkung stellen können. Diese Bewertungsweise läßt zwar auch, wie früher, jede (auch die komplizierteste) Harmonie prinzipiell zu; da diese sich aber strikte dem tonalen Zweck anzupassen hat, kann jetzt nicht mehr ein zufällig in komplizierter Form auftretender Akkord den klaren tonalen Verlauf stören. Auch die tonale Ausschlagsweite jeder Variation wurde genau bemessen. Obwohl alle diese Faktoren auch in den anderen Liedern berücksichtigt werden mußten, drängten sie sich doch in diesem Stück als besonders problemreich in den Vordergrund.
Das Lied »Mariä Verkündigung« der alten Fassung, gemessen an den eben geäußerten Kriterien, konnte keinesfalls einer ernsthaften Untersuchung standhalten. Es ist deshalb durch ein gänzlich neues ersetzt worden. Dieses sucht der im alten Liede störenden harmonisch-tonalen Unrast eine klangliche Ruhe entgegenzusetzen, die dem Hörer unschwer die im Gedichte angedeutete, in unserer Vorstellung so bereitwillig aufsteigende häuslich-intime Szene dieser Verkündigung einreden soll. Statt der etwas penetrant eindringlichen Wiederholung einzelner, durch Pausen abgetrennter Motive haben wir jetzt langgezogene Melodielinien. Zwar sind sie immer noch, wenn auch nur in der Begleitung, mit sich wiederholenden Motiven umgeben; deren in den Schatten gedrängte, sanfte Eindringlichkeit erzeugt aber in ihrem gleichförmigen pausenlosen Ablauf den Eindruck großer Gelassenheit. Die in dem allgemein stark abstrahierenden Stil des Werkes für den Komponisten wegen ihrer Gegenständlichkeit gefährliche Episode der Hirschkuh fügt sich nun viel williger als in der alten Fassung dem schon zu Anfang des Liedes aufgestellten harmonischen und melodischen Material. Der psychologisch wichtige Moment gegenseitigen Verstehens, wo im Text von »Nicht, daß er eintrat« bis »Und sie erschraken

beide« das Ineinanderdringen himmlischer und irdischer Hingabe seinen Ausdruck findet, durfte keinesfalls mehr einer in der ersten Fassung durch gespannte Vorhalt-Auflösungsharmonien zu fast hysterischer Aufregung neigenden zügellosen Komponierlust anheimfallen, ihm mußte seiner geistigen, poetischen und formalen Wichtigkeit entsprechend ein in sich geschlossenes Formstück zugewiesen werden, das durch den in ihm aufspringenden metrischen Drang im Hörer ein ähnliches Pulsieren seines Herzens anzuregen vermag. Und zum Schlusse blieb nur eines: den Engel ruhig schwingend seine Melodie aussingen zu lassen – eine richtige Melodie, nicht nur ein einzelnes Motiv.
Die nächsten beiden Lieder (»Mariä Heimsuchung« und »Argwohn Josephs«) sind lediglich durch Zurechtrücken einzelner Töne und Tongruppen und durch sonstige kleinere Änderungen, mit denen aber die Substanz der Stücke nicht berührt wurde, harmonisch und melodisch geklärt worden.
Auch im nächsten Liede ist die musikalische Substanz in beiden Fassungen ungefähr die gleiche, und trotzdem hat sich gerade dieses Lied in so vielen Änderungen seiner inneren Struktur unterwerfen müssen wie kein anderes. Es wird immer ein kompositorisches Problem erster Ordnung bleiben, eine Ansprache mit so viel eindringlichen Worten in äquivalente Musik zu setzen, besonders wenn man kein anderes Ausdrucksmittel als eine klavierbegleitete Frauenstimme hat. Trotzdem schien mir die ursprüngliche Vision dieser Komposition so überzeugend, daß ich mit allen Mitteln versuchte, den Text der einmal erschauten Form einzufügen. Es erscheint mir auch hier unnötig, jede einzelne dieser Änderungen aufzuzeigen. Wer sich damit abgeben will, sich ein ungefähres Bild der kompositorischen Entwicklung dieses Liedes zu machen, kann durch Vergleichen der beiden Fassungen zum mindesten das Anfangs- und das Endstadium kennenlernen.
In der alten Fassung war das Lied »Geburt Christi« das schwächste von allen. Nicht nur war sein melodisches Material von geringerem Werte als das der anderen Lieder, auch harmonisch war es unklar, indem

weder Gefälle noch Dichte und in tonaler Beziehung weder der tonale Gesamtplan noch die tonale Ausschlagsweite sorgfältig genug berechnet waren. Zudem war es ausdrucksmäßig »verhauen«, da sein Scherzando-Charakter in störendem Gegensatz zu der betrachtenden, etwas resignierten Haltung des Textes stand. Das in der neuen Fassung seine Stellung einnehmende Lied sucht alle diese Schwächen zu vermeiden. Die »Rast auf der Flucht« brauchte nur geringfügigen Änderungen unterworfen zu werden.

Die in der »Hochzeit in Kana« der alten Fassung nur andeutungsweise zutage tretende Idee sollte in der neuen Version mit möglichster Deutlichkeit ausgedrückt werden. Es handelte sich darum, vom lautesten Fortissimo in einem ununterbrochenen Diminuendo zu gänzlicher Stille zu gelangen, und dieses ständige Abnehmen der Lautstärke mußte zudem auf einen beträchtlichen Zeitraum verteilt werden. Zugleich sollte aber auch ein kontinuierliches Allargando vom lebhaftesten Tempo zu völligem Versiegen vor sich gehen. Ausdrücken sollte dies die äußerlich-klangliche Bewegung von wildem Festtrubel zu tonlos-schalem Verebben, die innerlich-expressive von freudigster Aufgeregtheit zu persönlichstem desolatem Alleingelassensein. Überdies sollte ja, wie schon früher dargelegt, dieses Stück der dynamische Höhepunkt der Gesamtanlage werden. All das war mit der kleinen Form des alten Liedes nicht zu erreichen. Sie mußte also ausgereckt werden. Wie man bemerken wird, hat das jetzige Lied ungefähr die doppelte Länge des alten (166 Takte statt 82), trotzdem ist aber das thematische Hauptmaterial – nämlich das Fugatothema und die beim Eintreten der Gesangstimme ertönende Phrase – beibehalten worden, ja der gesamte thematische Inhalt des längeren Liedes besteht jetzt ausschließlich aus Abwandlungen dieser zwei Themen. Sollte das vorerwähnte dynamische und ausdrucksmäßige Zusammenschrumpfen des Liedes mit nur zwei Themen bestritten werden, so mußten natürlich alle erdenklichen metrisch-rhythmischen, harmonisch-tonalen und melodischen Variationsmethoden herangezogen werden.

Obwohl in »Vor der Passion« das alte Material im wesentlichen brauchbar war und nur kleiner Korrekturen bedurfte, um besser seinen Zweck zu erfüllen; obwohl auch ausdrucksmäßig keine radikalen Änderungen vonnöten waren, schien doch nach den unablässigen seufzerhaften, sich aufraffenden und immer wieder kraftlos zusammensinkenden Melodiephrasen ein die Spannung lösendes Formglied wünschenswert. Das Klaviernachspiel, in welchem das Wesentliche des vorher Gehörten nochmals in kontinuierlicher Form vorüberzieht, hat diesen ausgleichenden Effekt; gleichzeitig mildert es etwas den Ausdruck letzter Hoffnungslosigkeit, der im Lied herrschte und der nun ohne jede Einschränkung und in voller Schwere dem nächsten Liede vorbehalten bleibt.

Dieses (»Pietà«) hat außer einigen, die Gesangstimme stützenden, hinzugefügten Tönen keine Änderungen erfahren, und das Lied 12 (»Stillung«) ist als einziges im ganzen Zyklus belassen worden, wie es zuerst war.

Für die beiden Lieder 13 und 14 (»Vom Tode Mariä« I und II) gilt mutatis mutandis dasselbe, was bezüglich der Passacaglia (Lied 2) gesagt worden ist. Die Form konnte unangetastet bleiben. Ein Rezitativ bildet die Mitte des ersten Todesliedes und knüpft an das frühere Rezitativ an, das wir bei der im Text erwähnten Gelegenheit (Mariä Verkündigung) hörten und das von Reinheit und Hingabe sprach. Die majestätische Größe des Todes konnte durch kein besseres Mittel als den Ostinato ausgedrückt werden. Es ist dieselbe majestätische Größe, die uns schon früher im (ebenfalls durch einen Ostinato ausgedrückten) uralten Baum begegnete (8). Die Variationsform des zweiten Todesliedes korrespondiert mit den Passacaglia-Variationen. In beiden Variationen ist ein Wandeln, ein Voranschreiten geschildert; einmal mit dem Kreisen riesiger irdischer Konstruktionen, Pläne und Ideen um ein winziges Wesen verbunden, das andre Mal mit den Umschwüngen der Himmel, die sich im Brennpunkt der (die Verklärte vertretenden) melodischen Grundform sammeln. Melodisch und harmonisch ist in beiden Todesliedern durchgreifend gereinigt worden.

Auch das letzte Lied des Zyklus (»Vom Tode Mariä III«) hat in dieser Hinsicht mancherlei Wandlungen durchgemacht.

5.

Um die früher genannte Verdichtung und Eindringlichkeit noch fühlbarer zu machen, werden im Verlaufe des Zyklus einige beziehungsvolle Motive und Melodien des öfteren wiederholt. Früher hat man in ähnlicher Weise die sogenannten Leitmotive benutzt. Da diese aber fast ausschließlich dazu dienten, das im Text schon einmal Gesagte nochmals mit musikalisch prägnanten Symbolen zu wiederholen, sanken sie schon bald nach ihrer bewußten Einführung zu einer Art musikalischen Zusammensetzspiels hinab, das schließlich an seiner eigenen Öde zugrunde zu gehen verdammt war.

In unserem Falle versuchen wir aber, gerade das, was in einem Konstruktionselement (Text) n i c h t gesagt wurde, im anderen (Musik) auszudrücken – und umgekehrt. Vergleichen wir zum Beispiel das letzte Lied mit dem siebenten. Textlich haben sie nichts gemein, obwohl es sich beidemal um den gleichen Vorgang handelt: die Geburt eines Kindes. In Form, Ausdruck, Sprache und Idee sind sie so verschieden, wie es der ihnen gemeinsame Rahmen zuläßt. Die Musik jedoch bringt sie in engste Zusammengehörigkeit. Beide benutzen dasselbe thematische Material, die gleichen Linien, die gleichen Intervallordnungen; obwohl harmonisch, tonal, rhythmisch, dynamisch und ausdrucksmäßig beidemal Unähnliches geschieht, hören wir doch die gleichen Melodien.

Damit wird dem Hörer gesagt: Ist es bei der zweiten Geburt nicht auch wie damals? Ist das unendliche Verwundern der drei Könige nicht gleich dem von Joachims Nachbarn? War Joachim nicht ebenso verwirrt wie jetzt Joseph? Ist diese Wiederholung der Ereignisse nicht ein Zeichen himmlischer Ordnung, universaler Kontinuität?

Noch zwei andere Lieder sind auf diese Weise aneinander gebunden: die beiden Verkündigungen (3 und 6). Am Ende der ersten Verkündigung heißt es: »Dann sang der Engel seine Melodie«, und damit ist die lange

Melodie gemeint, die man gerade gehört hat; sie ist das, was am Anfang des Liedes ertönte, als wir noch nichts von der Szene, den Personen, dem Inhalt des folgenden Ereignisses wußten, das uns aber den Stimmungsgehalt dieser stummen Konversation so darbot, wie es in bildlicher Darstellung etwa bei Konrad Witz geschieht. Und es ist wieder dieselbe Melodielinie – vorher so sanft, geneigt und hingebend –, die in der zweiten Verkündigung der Engel fast ein wenig aggressiv den Hirten vorsingt. Beide Male wird das gleiche Fatum mitgeteilt, erst in der engen Kammer einer Einzelnen, dann im Freien den Hirten, der Welt, dem All; und das identische Material läßt den Hörer empfinden: Nimm auch diese beiden räumlich und zeitlich voneinander unabhängigen Tatsachen als Teil eines Höheren, als doppelte Aussaat einer Idee, die dereinst ungezählte und ungeahnte Früchte tragen wird.

Außer dieser allerengsten Zusammenkopplung zweier Lieder findet noch eine andere, etwas lockerere statt. Das letzte Lied des Zyklus ist in nahe Berührung mit anderen gebracht, indem es kurze Zitate aus ihnen enthält. Im Takt 23 spielt das Klavier die Melodie des allerersten Anfangs. Da dies zu den Worten: »Sieh: sie ward wie ein Lavendelkissen ...« geschieht, werden wir an die transzendente Gleichheit beider Fälle erinnert: das ahnungserfüllte Harren aller Welt damals vor Marias Geburt und nun nach ihrem Hinscheiden – und dann hören wir nochmals die Abwandlung dieser Idee (beginnend im 44. Takt). Diesen beiden Stellen folgt jeweils noch eine Phrase aus den Verkündigungen (Takte 29–34, 49–55): »Daß die Erde künftig nach ihr rieche in den Falten wie ein feines Tuch« – wodurch? Durch das Göttliche, das ihr und der Welt damals verkündigt wurde. Und »dieses Licht aus dieser reinen Leiche war ihm klärender als Sonnenschein«, wo uns allein das Zitat die Quelle dieses Lichtes angibt.

Eine dritte Art thematisch-geistiger Bindung knüpft die Lieder 7, 11 und 13 zusammen. In der »Geburt Christi« (7) erscheinen plötzlich nach den Worten »Aber (du wirst sehen), Er erfreut« die dissonanten, bangen Akkorde, welche später das Hauptmotiv der »Pietà« bilden werden. Die

Empfindung abgrundtiefer Verzweiflung und Hoffnungslosigkeit, die der Hörer dort empfinden soll, und die scheinbar so gar nicht in die freudige und hoffnungsvolle Umgebung des 7. Liedes paßt, will ihm zu bedenken geben, durch was »Er erfreut«: eben das, was nachher Maria in Verzweiflung stürzen wird, sein Leiden und sein Tod, die trotz ihrer Furchtbarkeit der zukünftigen Gemeinde der Gläubigen Trost, Erlösung und damit Freude bescheren werden. Auch Maria selbst ist in diese überweltliche Art des »Erfreuens« mit eingeschlossen, denn auch eine Phrase aus ihrem künftigen Todesgesang (13) tritt hier vorausweisend auf.

Der Hörer, mit dem bei diesen Hinweisen gerechnet wird, ist ganz offenbar nicht einer, der von Schritt zu Schritt fortschreitend neue Informationen einsammelt. Wenn er den Sinn der Vorahnungen im siebenten Lied versteht, weiß er ja schon, wie alles ausgehen wird; er kennt schon die Empfindungen der »Pietà«, hat den Tod Marias schon erlebt und weiß über die unendlichen Folgen, die aus allem erwachsen sind. Von dieser zentralen Stellung aus wird er auch den Sinn des zweiten vorausschauenden Erwähnens der »Pietà«-Akkorde verstehen (9, Takt 139 ff.): Waren sie bei ihrem ersten Auftreten eine Umdeutung, ein wehes Eindunkeln des »Er erfreut«, so sind sie hier schon einen Schritt auf der Bahn des Verhängnisses, des unaufhaltsamen Opfers weitergeschritten; dem an sich schon Unvermeidlichen wird noch die Last persönlicher Schuld hinzugefügt. Die Mutter selbst ist »in der Blindheit ihrer Eitelkeit« eine der Ursachen künftigen Leides geworden. Beim endgültigen Auftreten der »Pietà« hilft uns dann die Erinnerung an das frühere Erklingen dieser Akkorde, die jetzige Stelle unserer Handlung mit den vorangegangenen Stationen rückblickend zu vergleichen und in ihr den geistigen Angelpunkt zu sehen, um den sich die beiden großen Flügel unseres Werkes drehen: der eine den Ereignissen der irdischen Welt gewidmet, der andere nur noch von Himmlischem handelnd.

6.
Dem Bestreben nach höchster musikalischer Konzentration mußte schließlich noch ein weiterer Baufaktor dienstbar gemacht werden: die tonale Anlage der Stücke. So wie die Musik vom Textwort genährt, angetrieben, erfüllt und über die Sphäre reinmusikalischer Schönheit und Glaubwürdigkeit hinausgehoben wird, so soll auch umgekehrt ein reinmusikalisches Einwirken rückwirkend das Wort durchleuchten, ahnungsvoll machen und nun seinerseits auf eine Ebene heben, die Worten allein nicht erreichbar ist. Es lag nahe, das auf der Grundlage der alten Gleichung Tonart = Gefühlsausdruck zu tun: Lasse bestimmte Gefühlsregionen des Hörers durch bestimmte Tonarten symbolisiert werden, so wirst du stets, wenn im Hörer eine Stimmung wachgerufen werden soll, die dieser Stimmung entsprechende Tonart berühren. Nun kann allerdings der Komponist nie ganz sicher sein, ob der gewünschte Effekt auch tatsächlich eintritt. Wenn zum Beispiel die Tonart Es-Dur ein Gefühl von Tapferkeit hervorrufen soll, könnte der Hörer unter Umständen doch durch sie zu Trauer oder Niedergeschlagenheit gerührt werden. Bei diesen oberflächlichen Gleichsetzungen ist nämlich kaum jemals die hohe oder tiefe Lage von Klanggruppen, die Dynamik und Klangfarbe, geschweige denn die innere Struktur der Tonart als Teil der gefühlsauslösenden Kraft mitberechnet.
So geht es also nicht. Einig können wir uns jedoch über folgendes sein: Wenn ich in irgendeinem durch Text, Handlung, geistige Bedeutung und andere Faktoren engumgrenzten Ausdrucksraum – wie in der vorliegenden Liederreihe – einen Ton mit der ihm zugehörenden Tonalität in den Mittelpunkt tonalen Geschehens stelle, so müssen sich ihm die anderen Tonalitäten nach ihrem Verwandtschaftsgrad zugesellen. Setze ich die Haupttonalität einer gewissen gefühlsmäßigen Grundhaltung gleich, so kann ich auf der Basis gegenseitigen Vertrauens den Hörer bitten, die übrigen Tonalitäten nach dem Grade ihrer Verwandtschaft in mehr oder weniger nahe gefühlsmäßige Beziehung zum angenommenen Grundgefühl zu bringen, was ich ihm dann durch treues Festhalten am

einmal gefaßten Prinzip und durch öfteres Anrühren der vereinbarten, tonal-gefühlsmäßigen Verwandtschaften so leicht und eingänglich wie möglich zu machen suche. Ich kann sogar noch weiter gehen und statt der Gleichung Tonalität = Gefühlslage eine erweiterte, nämlich Tonalität = gedankliche Begriffsgruppe einsetzen, um das Feld tonaler Symbolisierung ungeheuer zu erweitern. Auch hier ist noch immer ein hoher Grad von Willkür anwesend, ja wir befinden uns auf so schwankendem Boden, daß außer den getroffenen Verabredungen nichts mehr feststeht. Ist dies aber nicht viel besser als die Scheinstabilität, der wir vorher trauen mußten? Die jetzige »Willkür« ist nichts weiter als die Freiheit künstlerischer Auswahl, über deren Richtlinien der Künstler mit seinem aufnehmenden Gegenüber ja ohnehin stets im Einvernehmen sein muß, wenn anders sein Ausdrucksstil in rechtem Sinne verstanden werden soll.

Glaubt man an ein solches System tonal-emotioneller-gedanklicher Bezogenheiten, indem jeder tonale Schritt nach dem einmal verabredeten Plan seine Bedeutung bekommt, so wird man im Marienleben folgende Anlage erkennen.

Die Tonalität E ist das Zentrum. Als tonales Symbol gilt sie jedoch nicht für die Haupthandelnde unseres Zyklus, sondern für das, was ihrem Sein erst Sinn gibt, was uns dieses Leben Mariä erst verstehen und verehren läßt: das Wesen ihres Sohnes. Wenn immer im Verlaufe der spirituellen Handlung Christus zur Hauptperson wird oder im Denken des Betrachters den Hauptplatz einnehmen soll, wird das E zur regierenden Harmonie werden. Es wird als tonales Zentrum daher nicht vor dem 7. Lied (Geburt Christi) erscheinen und wird in der »Stillung Mariä mit dem Auferstandenen« (12) als Zeichen des Trostes allgegenwärtig sein. Bei der »Hochzeit zu Kana« (9) wird mit Jesus' persönlichem Eintreten in die Handlung auch seine Tonalität ihn begleiten. In den tonal absichtlich unklar gehaltenen Teilen des 10. Liedes (Vor der Passion) ist von der lebensträchtigen Kraft, die nun in der Passion ihr irdisches Ende finden soll, nur noch ein schwacher Abglanz geblieben in den getrübten Harmonien, welche E-Dreiklänge enthalten (Takte 3, 5, 6, 7 usw.), aber im Liede 14 (Vom Tode II) ist E wieder das »schöne Hinüberscheinen«, von dem Maria beim Eintreten in den Himmel erfüllt wird.

Maria selbst ist durch die Tonalität H vertreten. H, als Dominante abhängig von der Tonika E, ist ihr als Deuter und Bestimmer aber unentbehrlich – so wie für das irdische Dasein Christi seine Mutter Voraussetzung ist. Diese Tonalität beherrscht den Anfang und das Ende des ersten Liedes: das Kind Maria ist zwar noch nicht geboren, aber Himmel, Erde, Engel und Menschen, ja selbst das Getier sind voller Erwartung, ihr Gemüt ist erfüllt von dem Geiste, dem hier durch das H Ausdruck gegeben wird. Weiterhin spielt diese Tonika in der »Heimsuchung« (4) eine wichtige Rolle, und auch nachher tritt sie immer wieder auf, wenn der Jungfrau menschlich-persönliches Wesen in Erscheinung tritt oder in Erinnerung gebracht wird: im Liede 6 (Verkündigung) gibt sie den Grund an, warum auf den schauenden Gesichtern der unerschrockenen Hirten die Zukunft scheint, und im 15. Lied (Tod III) ist ebenfalls damit gesagt, was die Wirkung des »Lavendelkissens« und der »Bleiche« ausmacht, nämlich das Wesen der Verstorbenen.

Der Dominantenabhängigkeit des H vom E steht die Unterdominantbeziehung A gegenüber. Zeigte sich in jener die irdische Herkunft Jesu, so erinnert uns diese an die andere Seite seines Wesens, das Himmlische, Göttliche. Himmlisches tritt in unserem Zyklus aktiv nur auf in der Form von Mediatoren: die Engel führen aus, was ihnen vom göttlichen Prinzip aufgetragen wurde – dieses selbst tritt nur ein einziges Mal in einer mehr demonstrativen als aktiven Geste in Erscheinung, »wie Gott-Vater oben unseren Herrn verhielt« (14). Wenn also Engel aktiv auftreten, wird die Tonalität A das Feld beherrschen. In der ersten »Verkündigung« stehen Anfang und Ende völlig auf dieser Tonika. Im »Argwohn Josephs« drängt nach all der Hartnäckigkeit des Zimmermannes, die ein Aufkommen der engelgesandten Botschaft lange hinausschiebt, einmal in den Takten 24–25 und dann im 50. Takt endlich des Engels Ton, wenn auch nur für einen Augenblick, sich durch. Ganz dominierend ist die Tonalität des himmlischen Boten in der zweiten »Verkündigung« (6). Dort bestreitet sie den Anfang und nach der vollbrachten Botschaft das gesamte Ende des Stückes (von Takt 218 an). In der »Hochzeit« (9) zeigt das plötzliche Durchscheinen des A (Takt 88) an, was zu fühlen Maria sich verwehrt hatte: die Göttlichkeit des Sohnes. Das letzte Lied (Tod III) mit dem wiederauftretenden Engel gehört wiederum der Tonika A. Schließlich mag noch erwähnt werden, daß der Ton A allein, gleichgültig in welcher Tonalität er verwendet wird, in unserem tonalen Kosmos noch genug Engelhaftes an sich hat, um die Vision von Engeln heraufzubeschwören, wenn andere tonal-gedankliche Rücksichten uns das nicht erlauben. Siehe im Liede 1 die ersten 16 Takte und das Ende, wo wie auf alten Bildern die unsichtbar gedachten Engel die Höhe bevölkern wie »noch nie«. Ja in der »Flucht« (8) dürfen wir das Platzen der Götzen wohl dem persönlichen Mitwirken von himmlischen Personen zuschreiben, wie die Takte 30–42 anzeigen. – Ein einziges Mal ist die Erscheinung eines Engels tonal unberücksichtigt gelassen worden, nämlich im ersten Todeslied (13). In diesem epilogisierenden Augenblick ist ein Prinzip wirksam, das selbst über die momentane Wichtigkeit der Engelsgegenwart gestellt werden muß – wie sich später beim Betrachten der Tonalität Es zeigen wird –, und ähnlich verhält es sich mit den Takten 86 bis Ende des Liedes 14 (Tod II).

Die Tonalität C tritt immer dann auf, wenn die Unendlichkeit, das Ewige in unsere Vorstellung eintreten sollen. Sie beherrscht vollständig das zweite Lied (Darstellung) und erklärt uns damit, daß die dort beschriebenen Räume, Durchblicke und Wölbungen mehr sind als Teile irdischer Paläste; es ist die Architektur des Universums, die uns hier gezeigt wird. Der Unendlichkeit begegnen wir auch beim Anblick des Kindes in des »Tuches Falten« (7, Takte 93 ff.). Den Raum der ägyptischen Wüste dehnt das C ins noch Ungeheuere aus, und im 14. Lied treten wir unter seiner Führung mit der verklärten Gottesmutter in den unendlichen Himmel selbst ein.

Cis oder Des als Tonika bezeichnet stets das Unabwendbare, die Starrheit, das Festentschlossene. Siehe im 3. Liede die jünglingshafte Determination des Engels, Josephs Dickköpfigkeit (5, Takte 43–49) und Stellen in den Liedern 7, 14 und 15.
D drückt Vertrauen und Zuversicht aus (Lieder 6, 8, 14).
Es als Tonika dient der Darstellung größter Reinheit, der Reinheit, die sich ins Leblose sublimiert und schließlich mit dem Tode identisch wird. Wir finden diese Tonalität dominierend im Liede 13. Im Liede 7 (Geburt Christi) erleben wir die Wandlung von irdisch gesehener Reinheit zum Tode, zur himmlischen Gereinigtheit (Takte 141–148, 155–160), und Es ist ferner wichtig in 3, 4, 9, 11, 14 und 15.
F, das im Tritonusverhältnis zu H steht, verbindet sich mit allem, das wegen seiner Falschheit und Kurzsichtigkeit uns zu Bedauern und Mitleid zwingt, wie der »Argwohn Josephs« oder Marias eigensüchtiges Verlangen nach einer Demonstration der Zauberkraft ihres Sohnes in der »Hochzeit zu Kana«.
Mit der Tonalität Fis wird die Erkenntnis der Kleinheit ausgedrückt, die man dem Hohen und Unbegreiflichen gegenüber empfindet. Diese Tonika bestreitet gänzlich die zweite Hälfte des Liedes 10 (»Vor der Passion«), wo sich die anfängliche tonale Unklarheit aufhellt und so den Sieg des Kleinheit-Bewußtseins symbolisiert. Siehe ferner die Lieder 8, 9 und 15.
G ist die Tonalität des Idyllischen. Das Kleinmalerische von Joachims Haushalt wird von ihr bestritten, und auch in dem welterschütternden Ereignis von Christi Geburt (Lied 7) sehen wir zunächst nur als den rührendsten Zug das sanft ruhende Kind, in welchem der über Völkern grollende Gott sich klein macht. Auch im 13. Lied (Tod I) bringt inmitten der Todesstimmung die wiederkehrende Kadenz nach G (Takte 10, 25, 70) noch einen Schimmer lyrischer Sanftheit mit sich.
As oder Gis steht für unsere Unfähigkeit, Dinge zu begreifen, die jenseits unserer Auffassungsgabe liegen. Deren gibt es eine Anzahl in den Liedern: die »reine Verdichtung« im ersten Lied (Takt 50), die Gestalt, in der ein

Engel ausnahmsweise erscheint (3, Takt 37), »die dunklen Blicke, die dunklen Herzen« im Liede 6, das Baumwunder des Fluchtliedes (8, Takt 60), die unbegreifliche Nachgiebigkeit Christi dem eitlen Wunsche seiner Mutter gegenüber (9, Takt 118), und der »Aufwand«, mit dem der Sohn der Mutter verheißen ward und der nun so gänzlich sinnlos zu sein scheint (10, Takte 19 ff., hier allerdings nicht sehr stark tonikal).

Mit der Tonalität B wird alles bezeichnet, was sich im menschlichen Fühlen zunächst der gläubigen Hinnahme all der wunderträchtigen Ereignisse widersetzt. Wir finden sie in der zweiten »Verkündigung« (6) als zu den Hirten gehörend, und in dem Mittelteil der »Pietà« (11, Takte 12 ff.), wo sie Marias jede Glaubenskraft überschreitenden Schmerz zeigt; auch im 13. Liede (Takte 26 ff.), in der den zurückkehrenden Aposteln das Unbegreifliche der Situation zum Bewußtsein kommt.

Hat man als Komponist sich einmal auf die hier geschilderte Bahn tonalen Symbolismus begeben, so unterliegt man leicht der Faszination all der vielen gedanklich-tonalen Bezichungsmöglichkeiten. Anfänglich wird man vielleicht nur vermeiden, tonale Konstruktionen zu schreiben, die im Sinn oder der Deutung einer Textphrase widersprechen. Bald kommt man aber dazu, das Bestätigende, Fördernde zu suchen und absichtlich einzusetzen, und schließlich schreibt man keinen einzigen Akkord mehr nieder, der nicht seinen wichtigen Anteil an dieser tonalen Textinterpretation hätte. Um diese Behauptung zu erhärten, erwähne ich – als ein Beispiel aus sehr vielen – das Thema des 14. Liedes (Vom Tode II). Die dort niedergelegte tonale Betrachtung über den Tod Mariä würde uns ungefähr zu folgender Gedanken- und Gefühlsreihe leiten: Wir empfinden das Eingehen in die Unendlichkeit (C, Takt 1), das mit seiner unabwendbaren Unerbittlichkeit (Cis, 2–3), aber auch mit unendlicher Sanftheit (diffuses G, 4) uns das Gefühl der Winzigkeit einflößt (Fis 5–6). Obwohl wir dem Schicksal vertrauen (D, 7), quält uns doch ein leises Gefühl des Nichtverstehens (B, 8). Der Fromme wird im Erlöser (E, 9–10) und in seiner einst irdischen Mutter (H, 11) seine Führer zur endgültigen Reinheit im Tode (Es, 11–12) erkennen.

Ich erwarte nicht, mit der Tendenz, dem Klang so viel Gedankliches aufzuladen, auf allzu begeisterte Zustimmung zu stoßen. Sucht man nach Parallelerscheinungen in früherer Musik, so mag man an die isorhythmische Motette des vierzehnten Jahrhunderts denken. Hier wie dort handelt es sich um ein Überwinden der äußeren Klangform. Beim bloßen Hören ist kaum etwas vom vergeistigten Arbeitsprinzip wahrzunehmen, das beim Aufbau wirksam war. Dieses gibt aber ohne Zweifel dem von ihm gespeisten Werke einen übersinnlichen Zwang, den kein anderes Konstruktionsmittel ihm jemals einpflanzen könnte. Wer sich durch eine derartige gedankliche Belastung gestört fühlt, kann diese ganze Seite kompositorischer Arbeit unbeachtet lassen. Die Stücke sollen auch dann noch eine ursprüngliche, überzeugende Wirkung erzielen. Beim Ausarbeiten der Lieder ist mir diese Art tonaler Konstruktion niemals als eine Bürde erschienen – im Gegenteil, ich hielt sie stets für eine hochwillkommene zusätzliche Quelle der musikalischen Eingebung.

7.

Man erkennt nach all dem Vorangehenden, was das Werk will. Es will durch seine geistige Haltung zum Beschäftigen mit den hier gezeigten Problemen hoher Kunst anregen. Dem Musiker will es weiterreichende Ausblicke auf die Musik und ihre Ausführung zeigen, und den Hörer will es aus der etwas beschämenden Rolle des bloßen Musikkonsumenten so weit wie möglich in die des Mitfühlenden, des Verstehenden erheben. Meistens betrachtet man ja die Musik nur als ein Genußmittel, und die Mehrzahl der Komponisten ist lediglich damit beschäftigt, der Gier des Hörers Material zu liefern. Man läßt sich dieses Genußmittel ungeheure Geldsummen kosten, und seinen Produzenten erlaubt man Freiheiten – diktatoriale Gewalt, freies Verfügungsrecht über die Arbeitskraft anderer lediglich zur Vorführung unkontrollierter Klangphantome –, mit denen man in unserer Gesellschaftsordnung (oder Unordnung) sonst nicht zu freigebig ist.

Mit dieser Art unterhaltsamen Zeitvertreibs hat das Marienleben nichts zu tun.

Auch »Sensation« ist ein Wort, das man in diesen Regionen der Arbeit nicht mehr kennt. Nichts ist ja leichter zu schreiben als sensationelle Dinge. Jeder Nichtskönner kann heute seine Erfolge als Komponist haben, wenn er nur versteht, die Aufmerksamkeit seiner Hörer von musikalischen Problemen wegzuziehen und auf andere Gleise zu schieben, von denen heutzutage das politische und das nationalistische besonders dicht befahren sind. Aber auch auf rein musikalischem Gebiet gibt es noch genug der Sensationsmöglichkeiten. Kann man denn nicht unerhörte und bis dato ungehörte Harmonien schreiben? Melodien, die in ihrer Genialität von keinem gesungen, gespielt und verstanden werden können? Klänge, die in vorher nie gekanntem Maße rasseln, klingeln, knallen und knattern? Gibt es nicht Kompositionsmethoden, mit denen verglichen die Geheimnisse des Hermes Trismegistos so unproblematisch erscheinen wie das Telephonbuch? Mit einem Wort: kann man nicht ungeheuer modern sein (zeitgenössisch, kontemporär – für diejenigen, welche den altmodischen Ausdruck nicht lieben)?

(Ist es nicht erfrischend, Attacken gegen die »Modernität« geritten zu sehen? Vielen sind die Trauben zu sauer – sie freuen sich über jeden Auswischer, den die »Neutöner« empfangen. Sollten aber andererseits die unentwegt Modernen nicht manchmal zur Erkenntnis kommen, daß nichts langweiliger und öder ist als die antiquierteste aller Süchte, nämlich die: modern zu sein?)

Es gibt freilich Zeiten in der Musikgeschichte, in denen eine Ars nova eine altgewordene Kunstrichtung ablösen muß, um überhaupt das Weitergehen gesunder Entwicklung zu ermöglichen. Nun haben wir aber seit Beethovens Tode eine ununterbrochene Ars nova erlebt. Eine Ars nova allerdings, die im Suchen nach Äußerlichkeiten ihre Befriedigung fand. »Kinder, schafft Neues« – das war leicht zu sagen in einer Zeit, da das Neue vornehmlich in Wagnertuben, Riesenorchestern und Gesamtkunstwerken sich manifestierte. Dieses »Neue« ist nach tausenderlei

Varianten schal geworden, aber das uralte Streben nach geistiger Vertiefung der Musik ist noch immer so neu wie je. Bei aller Wertschätzung, die man billig den technischen Neuerungen entgegenbringen kann, da sie uns ja die Arbeit erleichtern sollen, ist es doch angezeigt, in der Bezeichnung »Neue Kunst« die Betonung des Wortes »neu« zu vermindern und dafür die »Kunst« um so mehr hervorzuheben.

Wie unser Werk zeigt, beeinflußt eine solche Gesinnung die Gestalt einer Komposition bis in die letzte Note. Die kompositorischen Hauptelemente (Rhythmus, Melodie, Harmonie) werden dann nicht mehr wie die Steine eines Baukastens aufeinandergesetzt, sondern von der Gesamtvision des Werkes wird jedes Element durch Arbeiten vom Großen ins Kleine, vom Allgemeinen ins Besondere, vom Umriß zur Füllung, vom Kompakten zum Aufgespaltenen eingesetzt. Dem Metrum wird dann nicht mehr erlaubt, alles andere zu unterjochen, es wird in seine Grenzen verwiesen und ihm werden die länger gestreckten, auf unregelmäßigen Längenverhältnissen beruhenden rhythmischen Grundformen als Ausgangsmaterial der zeitlichen Abläufe vorgezogen.

Die Melodie bleibt dann nicht mehr im direkt wirkenden Intervallschritt stecken, sondern wird auf lange Strecken vorausdisponiert und dann untergeteilt.

Die Einzelharmonie wird nur insofern als wichtig angesehen, als sie durch ihre Funktion im übergeordneten harmonischen Bauprinzip, der Tonalität, ihren Platz zugewiesen bekommt.

Die begleitenden Konstruktionsfaktoren Dynamik, Klangfarbe, Agogik usw. werden völlig dem ausgewogenen Zusammenwirken der Hauptelemente untergeordnet.

Ein Hörer, der willig ist, auf diesem Wege zu folgen, wird zweifellos etwas vom Geiste dieser Arbeitsweise verspüren. Er wird nicht nur nach der Bestätigung vorgefaßter Meinungen, nach stilistischen Tricks oder rein oberflächlich-emotioneller Befriedigung suchen. Selbst die Frage, (die natürlicherweise häufig genug auftreten wird), ob er von der alten oder der neuen Fassung des Werkes angenehmer, erfreulicher, stärker –

oder was sonst dergleichen ästhetische Werturteile sind – beeindruckt wird, versinkt dann in gänzlicher Bedeutungslosigkeit.

New Haven, Conn. Juni 1948

Erstveröffentlichung: Paul Hindemith, *Das Marienleben*, Edition Schott 2026. Eine irreführende Formulierung der Erstveröffentlichung (hier steht auf S. V, 2. Abschnitt, statt: »In der zweiten Gruppe...« fälschlich: »In dieser Gruppe...«) wurde entsprechend der Typoskriptfassung aus dem Nachlaß korrigiert (vgl. oben, S. 156, 2. Abschnitt).

Requiem

Questa composizione non è un *Requiem* in senso liturgico. Si basa su uno dei grandi poemi del famoso poeta americanoWalt Whitman, scritto poco dopo la guerra civile americana, durante la quale Whitman aveva prestato servizio negli ospedali e dopo l'assassinio di Lincoln.
È un omaggio ai morti di quella guerra e al Presidente, anch'egli morto. Su questi episodi il poeta riflette, e si esprime in versi estatici, pieni di descrizioni di vita americana, che intreccia ad evocazioni altamente poetiche, rivolte ad una stella al crepuscolo, ad un tordo solitario nelle paludi ed a un cespuglio di lillà in fiore.
In tempo simile a quello in cui il poema fu concepito – tempo che seguì ad una guerra spaventosa – la sua nobile grandezza la sua gemente malinconia, la sottomissione al fato ed alla morte espressivi con tanta vivezza, parvero così giovani e perenni che questo testo servi eccellentemente ad una composizione musicale che intende fare ciò che l'originale creazione di Whitman fece: porgere uno scrigno di ricordi per tutti i martiri della più recente furia e consolare chi piange.

[1948]

Erstveröffentlichung: Programmheft zur italienischen Erstaufführung von *When Lilacs Last in the Door-Yard Bloom'd. A Requiem »For Those We Love«* (1946) am 26. September 1948 in Perugia. Mitwirkende unter der Leitung des Komponisten waren Dagmar Hermann (Mezzo-Sopran), Hans Braun (Bariton), der Chor der Wiener Konzerthausgesellschaft und das Orchestra del Teatro dell'Opera di Roma. Die von Hindemith angefertigte deutsche Originalversion des Programmtextes ist verschollen.

French Secular Music of the Late Fourteenth Century

There is no need to praise once more the expert scholarship of this book's author, nor can anything be added to the laudable fact that a publisher's idealism makes possible the edition of a large selection of hitherto unknown mediaeval compositions. But as a composer and as a performer of the earlier masters' compositions I feel that a few words of encouragement, coming from a practical musician, would help to a better appreciation of this highly interesting, valuable, and stimulating publication.

The modern musician's problems, of which there are so many, will lose some of their puzzling oppression if compared with those of our early predecessors, as they appear in this volume. It is rewarding to see those masters struggle successfully with technical devices similar to those that we have to reconquer after periods in which the appreciation of quantity, exaggeration, and search for originality in sound was the most important drive in the composer's mind. They knew how to emphasize, on a fundament of wisely restricted harmony, the melodic and rhythmic share of a sounding structure. Their distribution of tonal weight, their cantilever technique of spanning breathtakingly long passages between tonal pillars hardly finds its equals. Their unselfish and uninhibited way of addressing the audience and satisfying the performer; the perfect adequacy of poetic and musical form; the admirable balance of a composition's technical effort and its sensual appeal – these are only a few of the outstanding solutions they found in their works. One could go on pointing out surprising and exciting features in those miraculous microcosms of sound, but these few hints will suffice to make us aware of the creative power that keeps those structures in motion and of the human quality that guided their creators.

To the performers the immediate contingence with this music will open up new horizons. They will learn to understand the shortsighted attitude of our present musical culture, which adores only those idols of audible beauty that are not much older than two hundred years. They soon will find it necessary to replace our contemporary ways of performing, which oscillate between two extremes – overindividualistic exhibitionism on the one side and the dullest metric-dynamic motorism on the other – with the altruistic devotion which alone can revive this old music. The musicologists knew that after Friedrich Ludwig's publication of Machaut's work sooner or later the missing link would be made available. But to those other musicians whose work is primarily concerned with present and future developments, whose historical knowledge is a means to a better adjustment of their immediate duties, the present book will be a revelation and a source of both information and delight. On behalf of all those who will touch the musical treasures displayed in the following pages, I want to thank the author and the publisher for their precious gift.

Cambridge, Massachussetts
March, 1950

Erstveröffentlichung: Willi Apel, *French Secular Music of the Late Fourteenth Century*, Cambridge 1950, Vorwort.

Ein Leben mit der Geige

Lieber Pultgenosse,
Sie treten zum ersten Mal als Schriftsteller aufs Podium. Haben Sie nicht Angst, daß Ihnen der Bogen wackelt und das Vibrato etwas zu weit ausschlägt? Seien Sie unbesorgt. Wenn Sie bei allen Lesern denselben Erfolg haben wie bei mir, können Sie mit dem Ertrag Ihrer »Erinnerungen« das Frankfurter Opernhaus wieder aufbauen. Mir ist beim Lesen manchmal recht wehmütig geworden. Ich bin zwar durch Ihr Geigerleben nur quasi con sordino durchgehuscht, noch dazu als Einer der sich später der jedem Geiger verdächtigen Bratsche verschrieben und sich dann sogar in noch obskurere Gefilde musikalischer Tätigkeit begeben hat, aber die Jahre im Frankfurter Opernorchester, in denen wir oft genug zusammen gespielt, gejauchzt, gestöhnt und geflucht haben, sind auch mir unvergeßlich geblieben. Mit gutem Grund, denn wir erlebten

damals die Blütezeit unserer Oper. Lassen Sie uns unserer Heimatstadt die Wiederaufrichtung ihres Opernhauses und einer seiner Tradition würdigen Opernkultur wünschen. Ihr Büchlein wird sicherlich eine junge musikliebende Generation ermuntern, sich diesem Wunsche anzuschließen, und der älteren wird es manche glückliche Stunde zurückzaubern, die sie genoß, als die Oper eine Selbstverständlichkeit war, ohne die man sich Frankfurt nicht vorstellen konnte.
Hals- und Beinbruch zu Ihrem Paradestück!
Ihr Paul Hindemith

August 1950

Erstveröffentlichung: Hermann Hock, *Ein Leben mit der Geige. Erinnerungen an Blütezeiten des Musiklebens in Frankfurt am* Main, Frankfurt/Main 1950, Geleitwort.

Concerto for Clarinet and Orchestra

I wrote the concert for Benny Goodman during the summer 1947 in Switzerland. It certainly is an interesting task for a composer to write a concerto for a woodwind instrument. Compared with a violin or even a piano the technical possibilities are restricted, but one is rewarded with a directness of expression which only a tone produced by our own breathing can provide, and which almost equals that of the most natural of all intruments, the human voice. One is in good company, too. Mozart's Concerto for the clarinet will always be the ideal model, and having achieved only a few of his charming tonal formulations would be more than satisfactory to a composer in our time. I tried to give Benny a pleasant and very clarinetistic piece, a piece that he would enjoy to play and to convey with his mellow and meaningful virtuosity to the listener.

[1950]

Abdruck nach einem Manuskript im Nachlaß Paul Hindemiths. Der Text ist auf der Rückseite eines Briefes notiert, den Donald L. Engle, Pressesprecher der Philadelphia Orchestra Association, am 17. November 1950 an Hindemith sandte. Er enthält Engles Bitte, für ein Konzert am 11. Dezember 1950 eine Programmnotiz zum Klarinettenkonzert zu verfassen.

Sinfonie »Die Harmonie der Welt«

Die drei Sätze der Symphonie sind konzertmäßig verarbeitete Musikstücke aus einer Oper. Diese handelt vom Leben und Wirken Johannes Keplers, den ihn fördernden oder hindernden Zeitereignissen und dem Suchen nach der Harmonie, die unzweifelhaft das Universum regiert. Die Titel der Sätze beziehen sich auf die bei den Alten oft anzutreffende Einteilung der Musik in drei Klassen und wollen damit auf all die früheren Versuche hinweisen, die Weltenharmonie zu erkennen und die Musik als ihr tönendes Gleichnis zu verstehen. Die »Musica instrumentalis« enthält Musik aus den Opernszenen, in denen widrige äußere Umstände das Handeln des Helden erschweren. Drei konstruktive Hauptelemente werden gegeneinander ausgespielt: ein kurzes ostinates Thema, ein gewichtig voranschreitender Marsch und ein Teil voll wilder Ungezügeltheit. Im zweiten Satz, der »Musica humana« (den Szenen entnommen, in denen die seelischen Beziehungen der Handelnden das Thema sind) werden zwei langgezogene Melodien erst einzeln, dann zusammen gespielt und schließlich mit einem zarten Abgesang beschlossen. Der dritte Satz (Musica mundana) versucht, die postulierte Harmonie der Welt in einer musikalischen Form zu symbolisieren, in der erst ein breites Fugato entwickelt wird, dann 21 Teile einer Passacaglia über dasselbe thematische Material folgen und schließlich eine breite Coda das Stück zu einem feierlichen Ende bringt.

[1952]

Erstveröffentlichung: Programm zur Uraufführung der *Symphonie »Die Harmonie der Welt«* am 25. Januar 1952 in Basel. Paul Sacher leitete das Basler Kammerorchester.

Symphonische Musik für Blasinstrumente

Von echter symphonischer Musik für Blasinstrumente wird man billigerweise nicht das altgewohnte Klangbild erwarten dürfen, das den üblichen Märschen, Charakterstücken und arrangierten Opern- und Konzertwerken ihr Gepräge gab und durch seine schablonenhafte Anwendung die ganze Gattung zum Verblassen verdammt und bei guten Musikern in Verruf gebracht hat: über hin- und herhopsenden Bässen irgendwo in der Klangmasse eine Melodie, der unweigerlich in den Tenorhörnern eine Geigenmelodie sekundieren muß; dann eine Menge toten Harmoniefüllsels, womöglich mit nachschlagenden Hörnern, und obendrüber Figurationen von hohem Holz. Es muß vielmehr danach gestrebt werden, die Satz- und Formerwägungen, nach denen die Symphonik unserer gemischten Orchester geschrieben wird, auch hier anzuwenden – nicht durch bloße Übernahme, sondern in bewußter Anpassung an die so gänzlich andersgeartete Ausdrucksweise einer ausschließlich aus Bläsern bestehenden Spielergruppe mit ihrem zwar spröderen und starreren, dafür aber ungleich bunteren und naturklanghafteren Ton.

In den beiden vorliegenden symphonischen Stücken wird dies auf verschiedene Weise versucht. Das erste (Konzertmusik für Blasorchester) ist für die frühere deutsche Infantriemusik-Besetzung geschrieben. Bei einem der Donaueschinger Musikfeste – die in den zwanziger Jahren es sich zur Aufgabe gemacht hatten, der zeitgenössischen Musik den Weg zu ebnen – ist es zuerst gespielt worden und hat seitdem viele Aufführungen erlebt. Eine »konzertante Ouvertüre« entwickelt zunächst ein breites Einleitungssätzchen, dem sich ein virtuoses Duettspiel von Trompete und Posaune anschließt. Das allbekannte Lied »Prinz Eugen, der edle Ritter« folgt, in sechs Variationen verschieden beleuchtet. Eine bedient sich dichten kontrapunktischen Gewebes in den Holzinstrumenten, die nächste bringt das drastisch metrisierte Lied abwechselnd in hohen und tiefen Blechgruppen, um in breiter melodischer Linienkombination ruhig auszulaufen. Eine rezitativische Episode gibt dem gesamten Blech Gelegenheit, sich mit aller Intensität zu äußern, worauf dann alle Posaunn mit dem zum ruhig schreitenden Marsch veränderten Thema antworten. Eine Fuge folgt, in der ein heiteres Thema in mancherlei kontrapunktischer Abwandlung gezeigt wird. Das Lied erscheint als Gegenthema, zuerst leise und dann mit der vollen Stärke des

Orchesters. Ein unmittelbar folgender kleiner Marsch beschließt das Stück.

Die »Symphony for Concert Band« ist jüngeren Datums. Sie wurde voriges Jahr für eines der vier großen Blasorchester des amerikanischen Heeres geschrieben, die Army Band in Washington mit ihren fast hundert Bläsern. Der mit Saxophonen stark durchsetzte Klang und der Mangel an massigem Tenorblech wird auch von Nichtspezialisten als auffallende Abweichung von dem in Mitteleuropa geschätzten Blasklang erkannt werden. Der erste Satz spielt mit der Variierung und Gegenüberstellung zweier Hauptthemen mit zugehörigem Schlußteil, unterbrochen durch einen fugierten Mittelteil. Im zweiten Satz hört man ein ausgesponnenes melodisches Duett von Kornett und Saxophon. Ein schneller, tanzartiger Teil für alle Holzinstrumente folgt, und schließlich erscheinen die beiden Teile zusammen. Der dritte Satz ist eine Doppelfuge: ein erstes Thema wird in allen erdenklichen Engführungen entwickelt, ihm folgt ein zweites in ähnlicher Verarbeitung. Zum Schluß werden beide kombiniert und vom Hauptthema des zweiten Satzs im Blech überstrahlt.

Ein frühes (1780), in seiner Art nie wieder erreichtes Beispiel raffiniertesten Satzes für Bläser ist Mozarts Serenade für 13 Blasinstrumente. Zwar ist sie als unterhaltendes Stück gedacht, aber die Tatsache, daß Mozart selbst vier der sieben Sätze für die von ihm zur höchsten stilistischen und satztechnischen Vollendung entwickelte Gattung des Streichquintetts umschrieb, zeigt wie hoch er selbst das Blasstück bewertete. Stilistisch bewegt sich die Serenade zwischen der »Entführung« und dem »Don Giovanni«, und gerade die Ausschläge in der Richtung auf Mozarts letzte Bühnenwerke sind es, die in der ständchenhaften Klangfreudigkeit des Stückes oft Blicke in unheimliche und erschrekkende Tiefen aufreißen.

[1952]

Erstveröffentlichung: Programmheft zu einem Konzert am 15. März 1952 in Köln. Das Symphonische Blasorchester Köln spielte unter Hindemiths Leitung neben zwei seiner eigenen Werke, der *Konzertmusik für Blasorchester* op. 41 (1926) und der *Symphony in*

B-flat for Concert Band (1951), auch die *Bläserserenade* B-dur KV 361 von W. A. Mozart. Bei seiner Werkeinführung verwechselte Hindemith diese Komposition mit der *Serenade* c-moll KV 384a (1782), die Mozart später zum Streichquintett KV 516a umarbeitete.

Cantique de l'Espérance

Dieses Stück wurde für UNESCO (United Nations Educational, Scientific, and Cultural Organization) geschrieben. Gemäß der Aufgabe dieser Institution – durch Erziehung, Wissenschaft und Kultur die Verbreitung von Recht, Gerechtigkeit und menschlichen Ansprüchen und Freiheiten zu fördern ohne Rücksicht auf Rasse, Geschlecht, Sprache und Religion – ist sowohl in Text wie auch in der Musik ein Weg zur Ansprache weitester Kreise, soweit sie an der Berührung mit der Msuik und ihrer praktischen Ausführung interessiert sind, gesucht worden. Die übliche Form der Musikdarstellung, das Konzert, ist wesentlich verändert worden, die strenge Scheidung in Ausführende und untätig Genießende ist aufgehoben. Die nichtprofessionellen Teilnehmer im Zuhörerraum sind eingeladen, in den letzten beiden Nummern des Stücks aktiv teilzunehmen.

[1953]

Abdruck aus: Programmheft zum Konzert am 9. Juli 1953 in Brüssel anläßlich der Uraufführung von *Cantique de l'Espérance* (1953) im Rahmen des Festivals *Jeunesse Musicale*.

Cantique de l'Espérance

In einer Zeit, die sich zur Musikausübung fast ausschließlich auf Instrumente und Apparaturen verläßt, die außerdem in der strengen Scheidung von Ausführenden und Aufnehmenden das Ideal der Musikdarstellung sieht, scheint es mir wichtig, das naturgegeben Klangliche des Musizierens immer wieder in Erinnerung zu bringen, wie auch den Musikgenuß auf Formen zurückzuführen, die wie ein Damm sich gegen die stetig anwachsende Degeneration des unfruchtbaren, esoterischen Professionalismus und Individualismus stellen. Nicht um unsere gewohnten Weisen des Musizierens zu bekämpfen, sondern um ihnen das schwachgewordene Rückgrat zu stärken. Der naturgewachsene Klang der Menschenstimme muß dafür wieder zum form- und ausdruckbestimmenden Grundmaterial erhoben werden, verbunden mit seiner getreuen Stütze und Hilfe, dem ebenso basischen Stoff des dichterisch geformten Wortes (Binsenwahrheiten müssen offenbar stets neu entdeckt werden!), und die so beängstigend weit gewordene Kluft zwischen Komponisten und Hörern soll zu überbrücken versucht werden indem man alle Beteiligten, die zuhörende Menge eingeschlossen, an der Verwirklichung des musikalischen Kunstwerks teilnehmen läßt. Niemand wird vom singenden Publikum vokale Kunststücke, musikalisch Raffiniertes und ausdrucksmäßig Verstiegenes verlangen – einfache Responsorien und das Wiederholen von gerade gehörten kurzen Melodielinien werden genügen, jenen Geist gemeinsamen Tuns heraufzubeschwören, der als eine der wenigen noch fruchtbaren Möglichkeiten erscheint, den Schöpfer heutiger Musik zusammen mit den Empfängern seines Werks aus einer üblen Lage zu befreien. Glücklich der Komponist, dem um Streben nach diesem Ziel ein so vortrefflicher, alle Wünsche erfüllender Text wie M. Claudels »Cantique« zum Geschenk wird!

[1953]

Erstveröffentlichung (Faksimile des Autographs): Programmheft zur Uraufführung des *Cantique de l'Espérance* (1953) am 9. Juli 1953 in Brüssel. Das Gala-Konzert bildete den Abschluß der von der UNESCO veranstalteten »Conférence Internationale sur le rôle et la place de la musique dans l'éducation de la jeunesse et des adultes«. Hindemith leitete die Uraufführung des Werkes; Mitwirkende waren das Orchestre International des Jeunesses Musicales, die Mezzosopranistin Yetty Martens sowie die Chöre L'Harmonie Paul Gilson, Les Chœurs des Émission françaises et flamandes de la Radiodiffusion nationale belge, Singgemeinschaft Bergisch-Gladbach, Les Chœurs du Conservatoire royal de Musique de Bruxelles, La Chorale protestante de Bruxelles, Les Chœurs de la Société Philharmonique et des Jeunesses Musicales de Bruxelles.

Ite, angeli veloces

Diese Komposition ist dem Andenken Paul Claudels gewidmet.
Er schrieb den »Gesang an die Hoffnung« noch in seinem höchsten

Alter, als für eine Tagung der UNESCO ein Stück benötigt wurde, das auf unmittelbare, einfachste und eindringlichste Weise zu vielen Menschen spricht.
Die erste Aufführung in Brüssel (9. Juli 1953) mit der singenden Beteiligung aller Anwesenden überzeugte ihn von der Wichtigkeit eines solchen Unternehmens. Er schrieb daraufhin die beiden anderen Teile. »Custos, quid de nocte« ist die ergreifende Schilderung seiner Empfindungen während eines Augenleidens, das ihn für längere Zeit in völliger Finsternis zu leben zwang. Wiederholt sagte und schrieb er mir, mich mit der Komposition der beiden fehlenden Teile zu beeilen, da er nicht sterben möchte, ohne sie gehört zu haben. Es gelang mir nicht, seinen Wunsch zu erfüllen. Erst an seinem Sterbetage (23. Februar 1955) konnte ich die letzte Note des »Triumphgesangs« schreiben.

[1955]

Erstveröffentlichung: Programmheft zum 109. Niederrheinischen Musikfest 1955 in Wuppertal. Am 4. Juni 1955 wurde die Kantate *Ite, angeli veloces* (1953/55) mit ihren drei Teilen *Triumphgesang Davids*, *Custos quid de nocte* und *Gesang an die Hoffnung* unter der Leitung des Komponisten uraufgeführt. Mitwirkende waren Tilla Briem (Sopran), Maria von Ilosvay (Alt), Gino Sinimberghi (Tenor), Gerhard Gröschel (Baß), das Städtische Orchester Wuppertal, der Elberfelder Gesangverein, die »Menge«, angeführt vom Barmer Singverein, Wuppertaler Lehrer-Gesangverein, Jungen Chor der »Jeunesses musicales« und den Jugendmitgliedern der Konzertgesellschaft (Einstudierung: Martin Stephani).

Übungen für Geiger (1926)

Die vorliegenden Übungen habe ich vor langer Zeit geschrieben; ich hatte sie längst vergessen. Vor kurzem kamen sie mir wieder unter die Augen, und nach Wiederbekanntschaft und Prüfung scheinen sie mir der Veröffentlichung wert zu sein. Nicht ihrer musikalischen Qualität wegen – die zeigt sich nur sehr spärlich –, sondern wegen der finger- und bogentechnischen Aufgaben, die dem Geiger gestellt werden. Er findet hier in konzentrierter Form vieles, was ihm die Ausführung heutiger Solo-, Kammermusik- und Orchesterstimen erleichtern wird. Ein wenig Sentimentalität spielt auch mit: die Stücke zeigen die Art meines eigenen damaligen Geigenspiels; ich kann all das nicht mehr spielen, aber ich erinnere mich gern (und mit einem gewissen Schmunzeln) der Zeit, wo ich mich mit derartigen Spielaufgaben herumschlug. Komponisten (nicht nur angehende) seien gewarnt, ihre Violinstimmen nach dem Muster dieser Übungen einzurichten; sie würden in den Verruf kommen, nichts vom Geigenspiel zu verstehen.

Herbst 1957

Erstveröffentlichung: Paul Hindemith, *Übungen für Geiger* (1926), Edition Schott 4687.

Pierre d'Attaignant: *Suite französischer Tänze*

Ein Vergleich der hier dargebotenen Fassung alter Tänze mit den vorangedruckten, von Pierre d'Attaignant (bzw. seiner Witwe) veröffentlichten Originalsätzen zeigt deutlich, was mein Ziel war: die heutigen Spieler anzuleiten, es ihren Kollegen von dazumal gleichzutun und auf der Grundlage eines schmucklos ausgesetzten vier- oder fünfstimmigen Satzes ihre Stimmen zu verzieren, zu diminuieren und durch kleine Improvisationen zu erweitern, je nach der Spielfertigkeit des einzelnen und den leicht in die Finger fallenden Spielmöglichkeiten seines Instruments. Wer zuhörend oder selber mitspielend einmal erfahren hat, wie auch heute noch dörfliche Tanzmusiker ihre ihnen ohne Noten geläufigen Stücke behandeln, wird wissen, wie das gemeint ist. Und wem die uralten Spielpraktiken in der abgesunkenen und verflachten Form ländlichen Musizierens nicht als Vorbild passend erscheinen, der mag sich an den Jazz halten, dessen Spielstil ja auch häufig mit der freien, nicht aufgezeichneten und in ihren Abwandlungen und Feinheiten auch gar nicht korrekt aufzeichenbaren Umspielung eines harmonisch und rhythmisch einigermaßen festgelegten Grundgerüstes rechnet.
Der unseren Tänzen zugrundeliegende vier- oder fünfstimmige Satz ist in den Streicherstimmen der Bearbeitung erhalten. Hinzugefügt wurden, dem Brauch der damaligen Zeit entsprechend, zeils färbende, teils im erwähnten Sinn ausschmückende Bläserstimmen, die als unverbind-

liche Vorschläge angesehen werden wollen. Beabsichtigt man, die Besetzung noch zu erweitern, so sollte das nicht durch Hinzufügen selbständiger, die Harmonien auffüllender oder gar verändernder Stimmen geschehen, sondern stets durch Oktavverdopplungen und Varianten des schon Vorhandenen. Den Oberstimmen sollte dabei die größte Bewegungsfreiheit eingeräumt und das Fundament bis auf gelegentliche Triller, Vorschläge und nicht störende Durchgangstöne am besten unverändert gelassen werden.
Die Auswahl der mitspielenden Instrumente bleibt den Spielern überlassen. Die hier getroffene Anordnung (kleine und große Flöte, Oboe, Englisch Horn, Fagott, Trompete und Laute) versucht, eine aus Blockflöten, Schalmei, Krummhorn, Dulcian usw. bestehende Gruppe nachzuahmen. Die Trompetenstimme wäre auf den damaligen Trompeten nicht auszuführen gewesen; sie ist für einen Zink (Cornetto) gedacht. Der Streichersatz will mit seinen Bratschen und Celli einen Violenchor ersetzen. Hat man einen solchen ganz oder teilweise zur Verfügung und kann man vielleicht auch ein oder das andere der erwähnten alten Blasinstrumente heranziehen, so kommt man dem damaligen Klang noch näher. Die Streicher sollten möglichst dünn, vielleicht nur einfach besetzt sein, akzentlos und ohne Vibrato mit flachem, drucklosem Ton spielen, möglicherweise mit Dämpfer (Sordinen). Spielen Streicher allein ohne jeden Bläsersatz, so werden alle klein gedruckten Noten mitgespielt und die Oberstimmen übernehmen die Ausschmückung. Bei teilweiser Bläserbesetzung können die fehlenden Stimmen von entsprechenden Streichern aus den kleinen Noten ersetzt werden. Spielt man aber mit voller Bläserbesetzung, so überläßt man am besten die Ausschmückung den blasenden Oberstimmen.
Alles neben den vorgeschlagenen Verzierungen dem Originalsatz Beigefügte ist noch weniger verpflichtend. Wem die vorgeschlagenen Vortragszeichen, Bogenstriche und Metronomangaben ungeeignet oder falsch erscheinen, der möge sie unbeachtet lassen oder durch andere ersetzen. Nach den beigegebenen Faksimiles der Originalsätze kann

sich jeder mehr oder weniger puristisch seine ihm passende Spielform zurechtlegen.
In jährlichen Konzerten alter und ältester Musik, die ich mit meinen Studenten der Yale-Universität (USA) unter möglichst getreuer Rekonstruktion historischer Aufführungsbedingungen veranstaltete, waren die vorliegenden Tänze neben zahlreichen anderen wiederbelebten alten Meisterwerken Teil des Programms.

[1958]

Erstveröffentlichung: Pierre d'Attaignant, *Suite französischer Tänze*, für kleines Orchester eingerichtet von Paul Hindemith, Edition Schott 4983.

Fünfstimmige Madrigale nach Texten von Josef Weinheber

Wirkliche Madrigale sind seit dem Absterben der italienischen Madrigalkunst und ihrer etwas späteren englischen Nachblüte im 17. Jahrhundert nicht mehr geschrieben worden. In der Entwicklung der bis zu unseren heutigen Techniken herangewachsenen Kompositionsstile war für eine solch ruhige, verinnerlichte Kunst kein Platz mehr. Einzig das Streichquartett in seiner von Haydn, Mozart und Beethoven erschaffenen reinsten Form kommt noch einmal dem früheren Ideal nahe, hat aber meines Erachtens niemals ganz jene äußerste Wohlproportion von kompositorischem Können, idealer Materialbehandlung und restlosem Aufgehen in den Bedürfnissen und Fähigkeiten der Verbrauchenden erreicht die dem italienischen Madrigal in seiner letzten Glanzzeit (Marenzio, Gesualdo, Monteverdi) eignet; schon deshalb nicht, weil das Gebundensein an stark mechanisierte Ausdrucksmittel – Musikinstrumente – zwar freiere technische Möglichkeiten bietet, aber der schönsten und natürlichsten Klangquelle, den zusammensingenden unbegleiteten Menschenstimmen, nicht mehr erlaubt, als Umgrenzung, geistiger Hinweis und Zweckordner den Organismus des Kunstwerks zu bestimmen. Da unsere heutigen harmonischen, melodischen und sonstigen Ausdrucksmittel auch für den a cappella-Gesang nicht mehr dieselben sind wie damals (obwohl auf diesem verhältnismäßig engen Felde der Satztechnik gottlob niemals so umwälzende Neuerungen möglich sind wie im Instrumentalen), wird der Versuch einer neuen Madrigalkunst sich nicht mit der Nachahmung des früheren Stils begnügen dürfen, dessen Geist, Würde und selbstlose Haltung dem Sänger und Hörer gegenüber aber mit aller Hingabe wieder zu erreichen suchen.

Der technischen Faktur heutiger Madrigale, ihrem Ausdrucksbereich, ihrer dynamischen Expansion, ja auch ihrer Textunterlage sind damit ganz bestimmte Grenzen gezogen. Ein Vokalstil muß gefunden werden, der sich grundsätzlich aller gesanglich-virtuosen Ausschläge, aller drastischen Konzertwirkungen, vor allem aber aller Instrumentalismen enthält. Damit schließen sich extreme Stimmlagen, individuelle Ausdrucksmanieren, Farbeffekte, eine ständig sprunghafte Melodik, die kleine Sekunde als harmonisches und die große Sept als melodisches Hauptmaterial aus; nichts darf geschrieben werden, das dem hingegebenen, nicht nach äußeren Wirkungen strebenden Miteinanderwirken einer Sängergruppe störend entgegenwirken könnte. Und die Texte müssen dem Ausdruck geben, was einen kleinen Kreis von Miteinanderwirkenden als gemeinsames Gefühl bewegen kann. Weinhebers Gedichte scheinen mir diese Forderungen in hohem Maße zu erfüllen, wenngleich ihre im allgemeinen pessimistische Haltung die einer solchen Gemeinschaft ja auch eigene Erhebung ins Heitere kaum aufkommen läßt.

Innerhalb des so abgesteckten Kreises bleiben noch genug Möglichkeiten, Musik mit reicher Vielfalt des Ausdrucks zu schreiben, und wer fürchtet, dann nur noch Einfalt und Schalheit wahrzunehmen, dem sei geraten, sich singend umzuschulen – da ja hier wie überhaupt das Mitwirken bei einer Musik immer eine gänzlich andere Sicht eröffnet als das bloße Betrachten ihres Larvenzustandes, der Niederschrift.

Für die Ausführung der vorliegenden Madrigale eignet sich am besten eine kammermusikalische Besetzung, drei bis fünf Sänger an jeder Stimme. Einem größeren Chor wären die Schwierigkeiten in Intonation und Präzision fast unüberwindlich, außerdem entspräche die große Besetzung nicht dem musikalischen und textlichen Stil des Werkes. Auch die im

Prinzip mögliche (und für das historische Madrigal mit seiner harmonisch einfachen, wenn auch oft tonal sehr ausgeweiteten Struktur unbedingt echte) solistische Besetzung ist kaum anwendbar, da die hier vom natürlichen Material des A-cappella-Singens – den Dreiklängen – oft weit entfernte Harmonik mit ihrem ständig notwendigen Verändern und Angleichen der Intervallgrößen eine gewisse Bandbreite des Einzeltons verlangt, die erst durch mehrfache Besetzung der Stimmen zustande kommen kann. Die zwölf Stücke sind nicht als geschlossener Zyklus gedacht. Jede beliebige Auswahl und Reihenfolge ist möglich, nur empfiehlt es sich, den »schlichten Abgesang« (Nr. 12), falls er gesungen wird, eben als Abgesang am Ende zu singen.
Die erste Aufführung fand in Wien am 18. Oktober 1958 statt. Es sang Prof. Dr. Hans Gillesbergers Wiener Kammerchor.

1958

Erstveröffentlichung: Paul Hindemith, *Fünfstimmige Madrigale nach Texten von Josef Weinheber*, B. Schott's Söhne Mainz 1958.

Pittsburgh Symphony

For a more facile appreciation of the *Pittsburgh Symphony*, I am quoting here – instead of giving a detailed analysis – the main melodic tone lines as they will occur to each listener. In the first movement (*molto energico*), the following theme is prominent:

The entire movement consists essentially of several repeats of this line – each one differently colored – and of its inversion.

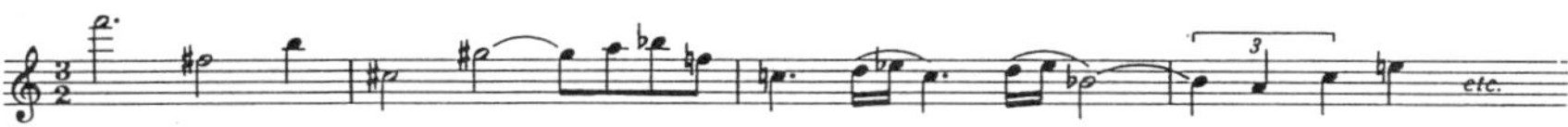

In the second movement (*slow march*) the chief material is an oboe melody, very slowly drawn, accompanied by march rhythms,

which is consequently taken over by the horns. A coda winds up this section.

A Pennsylvania Dutch ditty – »Hab lumbedruwwel mit me lumbeschatz« – follows as serene contrast.

It is driven through six-fold variants of instrumentation. The last of these bridges again to the initial, broad melodic part, which at this time is accompanied by the ditty »Lumbedruwwel«. This group, too, (and thus the movement) are concluded by the aforementioned coda.

In spite of its light weight, and its grotesque mood, I would like to consider this song the core of the symphony. The »Dutch« are very familiar to me; their German dialect is almost the same as that of my old home. I have always been acquainted with their way of life. And their Lieder are those which to this very day are sung in the country side where they once originated.

I did not want to omit setting a tonal monument – in a musical piece addressing the inhabitants of Pennsylvania – to this very blend of the American colonial scene with the southern German language and the southern German style of life. This integration played a crucial part in the shaping of Pennsylvania, but it has escaped (and still does) general attention because of the super-structure of the English element.

The last movement (*ostinato*) is based on the tonal sequence:

It appears constantly, partly as bass, partly as middle or upper voice, rhythmically torn apart, or compressed, and permanently changing the tone colors. With it and against it, run once more six different groups of materials. Into their form (concentrated toward the end of the movement and sounding together with the *ostinato*) rings, after a short transition, the signal-like glorification of the celebrating city:

And thus are juxtaposed old Pennsylvania – fortright, bound by tradition, agricultural, adhering to her old face and old customs – with new Pennsylvania – restless, industrial, progressive. They are contrasted here in terms of tonal symbolism.

[1959]

Erstveröffentlichung: Programmheft zur Uraufführung der *Pittsburgh Symphony* am 30. Januar 1959 in Pittsburgh. Paul Hindemith dirigierte das Pittsburgh Symphony Orchestra; auf dem Programm standen außerdem die *Manfred-Ouvertüre* von Robert Schumann und *Variationen und Fuge über ein Thema von J. A. Hiller* von Max Reger.

Gesualdo

Gesualdos Name ist dem Konzertpublikum so gut wie unbekannt. Bestenfalls weiß man, daß er aus Eifersucht ein Doppelmörder war, und seine Musik wurde als chromatisch und hypernervös, als für ihre Zeit (das ausgehende 16. Jahrhundert) extrem und modern klassifiziert. Gesungen worden ist sie seit damals so gut wie gar nicht, was zum Teil daran lag, daß davon nichts mehr erhältlich war (heute ist diese Entschuldigung hinfällig, da die Gesamtausgabe seiner Werke – sechs Bücher Madrigale und einige geistliche A-cappella-Sachen – im Erscheinen begriffen ist.

Was Gesualdos Kompositionen von denen seiner Zeitgenossen unterscheidet, ist nicht die häufige Anwendung chromatischer Stimmführungen, denn solche finden sich damals häufig (der Österreicher Jakob Handl ist in dieser Beziehung besonders kühn). Auch harmonisch unternimmt er nichts, was neu wäre. Sein Harmoniematerial ist arm im Vergleich zu dem des Monteverdi, da es nur die allereinfachsten Dur- und Mollklänge kennt; selbst der Allerwelts-Dominantseptakkord als selbständiger Klang kommt noch nicht vor.

Hingegen entwickelt Gesualdo seine Eigenart im Gestalten der Tonalität: durch die Art der Aufeinanderfolge seiner einfachen Harmonien erreicht er eine Verschleierung der tonalen Ordnung, die fast an die Freiheit, ja Haltlosigkeit grenzt, wie sie heute mit unserem komplizierten Harmoniebestand so oft erreicht wird. Ferner ist bei ihm die metrische Ordnung so gut wie aufgehoben. Diese extremen Formmittel (er wendet sie allerdings erst in den letzten beiden Madrigalbüchern an – aus ihnen stammt unsere Auswahl) sind ihm jedoch nicht Selbstzweck, sondern wollen die sublimsten, rapid wechselnden und widerspruchsvollen Stimmungen eines erregten Gemütes hervorrufen. Auch die Texte müssen sich dieser Aufgabe beugen: er benutzt (wenigstens in den beiden erwähnten Büchern) nur kleine, belanglose Reimereien, die ihn nicht von seinem musikalischen Hauptvorhaben ablenken; die Verwendung von Stücken aus der großen italienischen Poesie, wie sie sonst im Madrigal Regel ist, interessiert ihn nicht mehr.

Man hat sich oft gefragt, was denn einen Komponisten zu jener Zeit zu radikaler Erweiterung des Tonalen führen konnte. Man dachte sogar an ein experimentelles Zusammensuchen von Sonderbarkeiten auf dem Klavier, so wie es ja heute häufig geschieht. Damals war jedoch die erste

Voraussetzung für ein allumfassendes tonales Spiel auf Tasteninstrumenten, nämlich die gleichschwebende Temperatur, noch nicht bekannt. Es bleibt also nur übrig, Gesualdos Kühnheiten als aus der gegenteiligen Quelle fließend anzunehmen: aus einer eminenten Kenntnis der A-cappella-Eigenarten mit ihren stets unfixierten Intervallgrößen, ihrem ständigen Nachgeben und Aufeinandereingehen der Stimmen. Solche Feinheiten können mit Instrumenten erreicht werden, vokaliter nur in einer solistisch besetzten Madrigalgruppe. Das war die Weise, in der man die Madrigale des Gesualdo und seiner Zeitgenossen sang; deshalb wollen wir heute versuchen, diese Originalgestalt wieder erstehen zu lassen.

[1959]

Erstveröffentlichung: Programmheft zu einem Konzert am 18. Juni 1959 in Wien. Hindemith dirigierte den Wiener Kammerchor; auf dem Programm standen neben einer Auswahl aus seinen *Weinheber-Madrigalen* die vier fünfstimmigen Madrigale *Dolcissima mia vita*, *Itene, o miei sospiri*, *Ardita zanzaretta* und *Moro, lasso, al mio duolo* von Carlo Gesualdo sowie die vier Jagd- und Kriegslieder *Con bracchi assai* (Piero di Firenze), *Se je chant mains* (anonym), *Alla Battaglia* (Andrea Gabrieli) und *Chant des oiseaux* (Clement Jannequin).

Giovanni Gabrieli: *Symphoniae Sacrae*

Die vorliegende Ausgabe der 10–16stimmigen, meist mehrchörigen Stücke aus dem ersten Bande von Giovanni Gabrielis Symphoniae Sacrae (1597) wendet sich hauptsächlich an die Sänger und Spieler in Amateurgruppen und Schulen. Unsere Berufsorchester und Konzertchöre mit ihrer durch mancherlei Umstände bedingten Beschränkung ihres Repertoires auf höchstens 200 Jahre, können von einer Musik wie der venezianischen des ausgehenden 16. und beginnenden 17. Jahrhunderts nur ausnahmsweise Gebrauch machen. Diese Musik kommt jedoch den Wünschen des singenden und spielenden Laien in idealer Weise entgegen. Seine musikalische Tafel ist ja nicht allzu üppig mit Nahrhaftem und Leckerem ausgestattet. Aus dem vorigen Jahrhundert gar nichts, wenig aus dem gegenwärtigen. Bleiben die neben Bach und Händel kleineren Schöpfungen des 18. Jahrhunderts, die ihm technisch

und gesinnungsmäßig erreichbar sind. Aber auch diese Musik läßt viele der Beteiligten unbefriedigt. Sie ist, gemessen an den zeitgenössischen Meisterwerken, von minderer Qualität; was aber wichtiger ist: sie erweckt beim Ausführenden häufig das unbequeme Gefühl, sich mit Belanglosem, mit Spielereien zu beschäftigen statt im Bereiche seiner Möglichkeiten und Wünsche sich vor erhabene Aufgaben gestellt zu sehen. Vor allem bietet hier die Beschränkung auf intime Ausdrucksformen – von einfachster Hausmusik bis zu Stücken für die damals kleinen höfischen und bürgerlichen Orchester – gar nichts, was bei dem heute auf allen Lebensgebieten sich zeigenden Miteinanderwirken großer und größter Menschengruppen mit seinem Bedarf an festlichen und erhebenden, ja prunkvollen Kompositionen angewendet werden könnte.
Für solche Zwecke gibt es keine geeignetere Musik als diejenige Gabrielis. Sie ist in ihrer Struktur so einfach, daß sie auch bescheidenen Sängern und Spielern zugänglich ist, ja sie behält selbst bei mittelmäßigen Aufführungen noch Gestalt und Charakter. Sie ist im Sinne der gleichzeitigen venezianischen Malerei voll Pathos und dekorativer Pracht, erfüllt aber auch das Verlangen nach intimeren Wirkungen und erlesenen lyrischen Gebilden. Ihre kirchliche Haltung – sie ist für die offiziellen Feiern der Republik Venedig in der Markuskirche geschrieben – erweckt von vornherein das Gefühl hoher Würde; dabei ist sie frei von allem gewollt Sakralem, so daß sie ebensogut bei nichtkirchlichen Gelegenheiten zu gebrauchen ist. Für die Instrumentalstücke trifft das uneingeschränkt zu, bei den Chören lassen sich nach Bedarf statt der liturgischen lateinischen Texte leicht deutsche Worte unterlegen. Ich hoffe daher, mit dieser Veröffentlichung einem wirklichen Bedürfnis entgegenzukommen.
Das Gesamtwerk Giovanni Gabrielis erscheint seit 1956, herausgegeben von Denis Arnold, im Corpus mensurabilis musicae, Rom. Es enthält selbstverständlich auch eine Übertragung des oben erwähnten Bandes von 1597, in der die Einzelstimmen des Originaldruckes in Partitur zusammengefaßt sind. Mit der Gesamtausgabe zu konkurrieren hat

unsere Veröffentlichung eines Teiles der Symphoniae Sacrae weder das Verlangen noch gar die Möglichkeit. Sie geht auf Aufführungen zurück, die ich, beginnend vor 14 Jahren, mit meinen Klassen in Amerika unternahm. Ich verzichte auf die Wiedergabe der 6-, 7- und 8-stimmigen Stücke*) im ersten Teile des Bandes von 1597, weil mir daran lag, gerade die in ihrer Vielstimmigkeit (10 bis 16 Stimmen) bis jetzt nicht zugänglichen Stücke greifbar zu machen, in denen die Doppel- und Mehrchörigkeit (bis zu 4 Chören) auffallender und eindrucksvoller zur Wirkung kommt als in 6–8stimmigen Stücken, die (auch als Doppelchöre) noch sonstwo zu finden sind. Fünfzehn der hier vorgelegten Stücke sind Chorkompositionen, der Rest (9) für Instrumente allein. Die erwähnte Gesamtausgabe wäre für die Arbeit mit Chören und Spielergruppen nur zu verwenden, wenn von jedem einzelnen Stück billige Vervielfältigungen in den Handel kämen. Da das aber nicht den Zwecken einer wissenschaftlichen Edition entspricht, müßte ein Dirigent, der diese Musik aufführen will, die Partituren photographisch oder sonstwie kopieren, Stimmen herstellen und alle Sing- und Spielanweisungen (ohne die eine rationelle Arbeit nicht möglich ist) hinzufügen. Kein Chorbudget wäre den Kosten solchen Unternehmens gewachsen. Hier will die vorliegende Ausgabe helfend in die Bresche springen.

Zur Übertragung ist einiges zu sagen.
Jedem Stück ist die photographische Wiedergabe seines Urbildes im Druck von 1597 beigegeben**), wodurch sich ein Revisionsbericht erübrigt. Zu jener Zeit wurden nur Stimmenbücher ohne Partituren veröffentlicht – ja man kann sogar annehmen, daß der Komponist gar

---

*) von diesen sind schon früher einzelne in deutschen und italienischen Ausgaben erschienen, darunter die bekannte Sonata pian e forte. Eine italienische Ausgabe aller Instrumentalstücke (1897) war für praktische Zwecke nicht unmittelbar verwertbar.

**) Die Generaldirektion der Oesterreichischen Staatsbibliothek (Musikabteilung, Herr Hofrat Prof. Dr. L. Nowak) war so freundlich, die Erlaubnis zu dieser Wiedergabe zu erteilen.

keine Partitur angelegt hatte. Hie und da (jedoch bemerkenswert selten) vorkommende Satzschwächen wie Quint- und Oktavparallelen, die Gabrieli sonst selbst im massivsten vielstimmigen Satz vermeidet, scheinen mir auf eine solche Arbeitsweise hinzudeuten; sie wären einem so raffinierten Satzkünstler wie ihm sicherlich nicht untergeschlüpft, wenn er eine Partitur vor sich gehabt hätte. Ein Nacheinander- statt Untereinanderschreiben von Stimmen, selbst von 16 oder mehr, hat für den mit der Satztechnik Vertrauten nichts außergewöhnliches, besonders wenn die harmonische Grundlage einer Musik so einfach ist wie hier und für jede Harmoniefortschreitung eine zwar reichliche, aber doch nur beschränkte Zahl Stimmführungsmöglichkeiten feststeht, die der Komponist ähnlich einem Buchdrucker aus einem gegebenen Typenvorrat auswählt. Die erwähnten kleinen Satzfehler, wie auch gelegentliche falsche Notentypen sind stillschweigend berichtigt worden.

Da die Notwendigkeit, die Chorsänger mit Singpartituren zu versehen um die Einstudierung zu erleichtern heute leicht erfüllbar ist, wurden auch in unserer Ausgabe die originalen Einzelstimmen partiturmäßig zusammengefaßt. Für den Dirigenten ist diese Singpartitur durch Aufführungsratschläge und durch die photographische Wiedergabe des Originals zur Dirigierpartitur erweitert. Die Instrumentalstücke erscheinen in gleicher Weise als Dirigierpartitur, dazu in Einzelinstrumentalstimmen. Gewohnheit und Erziehung unter Instrumentalisten machen hier Spielpartituren unnötig – sie wären eher Hindernis als Hilfe.

Die zweiteiligen Metren sind durchweg mit 4/4 (2/2) Takten (mit gelegentlicher Einschaltung eines 3/2), die dreiteiligen mit 3/4 wiedergegeben. Dafür mußten die Notenwerte auf bekannte Weise reduziert werden: 𝅗𝅥 = ♩ im 4/4 (2/2), und 𝅜 = ♩ im 3/4. Die Notenwerte der Originalnotierung würde das Lesen unnötig erschweren.

Von der heute bei Neuausgaben alter Musik üblich gewordenen Anwendung durchbrochener Taktstriche (welche nur zwischen den Notenlinien stehen, diese selbst aber freilassen) habe ich abgesehen. Für eine Musik, welcher der metrische Akzent noch unbekannt ist oder deren kontrapunktische Verflechtung ihn nicht erkennen läßt, ist diese Schreibweise wohl zu empfehlen. Nicht aber für die Gabrielische, die ganz offenbar ein starkes metrisches Gerüst hat. (Daß dieses durch das Überlagern mit dynamischen Akzenten nicht hervorgehoben werden darf, hat sich mittlerweile ja herumgesprochen). Zudem weiß jeder, der einmal mit Chören gearbeitet hat, wie das Fehlen durchgezogener Taktstriche das Studium erschwert, besonders beim Untereinanderstehen von Noten mit verschiedenen Verlängerungspunkten; dem Sänger bleibt zur Klärung solcher Fälle meist nichts übrig, als die Taktstriche doch wieder durchzuziehen. Eine Kompromißlösung wie der durchbrochene Taktstrich ist hier also unangebracht. Wer schon gegen die (metrisch freilich zu augenscheinliche) Tyrannei des Taktstriches ist, sollte konsequent sein und aus den Originalstimmen musizieren, wie es die Sänger und Spieler zu Gabrielis Zeiten auch taten, und beim Zusammenfassen der Einzelstimmen im Partiturdruck gäbe ein genaues Untereinandersetzen der Noten ohne jede Andeutung eines Taktstriches ein getreueres Bild des Originals als ein mehr angstgeborenes als nützliches Aushilfsmittel. Ein etwaiges Verlangen nach dem Singen aus der Originalnotierung kann mithilfe unserer Faksimilia leicht befriedigt werden. Die in den Originalstimmen häufig fehlenden ♯ oder ♭ bei Leitetönen wurden eingefügt. Ihre Notwendigkeit ergibt sich meist aus dem Zusammenklang mit den anderen Stimmen und sie wurden von den damaligen Sängern und Spielern gewohnheitsmäßig richtig ausgeführt. Bei gelegentlich auftretenden Fällen, wo vor der Tonika statt des unteren Halbtons ebensogut der Ganzton stehen könnte, ist das entsprechende Zeichen über die Note gesetzt. Wer mit den so gegebenen Vorschlägen nicht einverstanden ist, kann durch Zurückgreifen auf das photographierte Original auf seine eigene Weise entscheiden.

Die für die Notation sehr praktische, dem heutigen Ausführenden aber ungeläufige Vielfalt der Schlüssel wurde auf wenige Typen verringert: für die Singstimmen 𝄞 und 𝄢, dazu der abwärts transponierende G-

Schlüssel 𝄠 für Stimmen in Tenorlage. Eine verbindliche Einteilung in Frauen- und Männerstimmen besteht nicht, man kann nach Bedarf und Belieben besetzen. Selbst in ein und derselben Stimme kann gemischt besetzt werden. Die Instrumentalstimmen sind für die vier heute gebräuchlichen Schlüssel 𝄞𝄡𝄡𝄢 eingerichtet.

Manche der Chorstücke können a cappella gesungen werden, den meisten müssen Instrumente beigegeben werden. Diese können die Singstimmen verstärken oder auch ersetzen – Oberstimmen läßt man möglichst vokal. Die oft recht tiefliegenden Baßstimmen sind nur durch Instrumente ausführbar, es sei denn, man wolle (was empfehlenswert ist) die Vokalbässe durch oktavierendes Höherpunktieren mitbeteiligen. Solche Punktierungen sind durch kleine Noten angegeben. Durch sie ergeben sich freilich Einklang- und Oktavparallelen mit anderen Mittel- oder Unterstimmen, die im sehr sauberen Satz Gabrielis sonst nicht vorkommen, die aber, da sie nur auf dem Papier wahrnehmbar sind, keinesfalls als Satzschwächen gehört werden und deshalb unbedenklich gesungen werden können. In klangvollen Tuttistellen sowohl der Chor- wie der Instrumentalstücke ist das Mitgehen eines 16'-Basses (Kontrabaß oder Kontrafagott) möglich, hingegen empfiehlt sich das 4'- Verdoppeln von Chor-Oberstimmen nicht. Für jedes einzelne Stück sind die ihm passenden Möglichkeiten der Besetzung angegeben.

Eine Anzahl der Chorstücke mußte hinabtransportiert werden, da bei unserer heutigen hohen Stimmung die Oberstimmen sonst nur noch als ein stimmtönendes Schreien produziert werden könnten. Dadurch trifft auf die nun noch tieferen Baßstimmen erst recht das Vorhergesagte über die Instrumentalunterstützung zu.

Die Instrumentalstücke sind durchweg in der Originaltonart belassen worden. Ihre Besetzung kann je nach den vorhandenen Instrumenten und Spielern eingerichtet werden. Auch dafür finden sich für jedes Stück gesondert Vorschläge. In einigen Stücken (z. B. in der *Canzon quarti toni* wie auch in der schon erwähnten *Sonata pian e forte*) gibt Gabrieli selber die Instrumentenbesetzung an. Das kann als Richtlinie dienen; da aber die von ihm gewünschten Cornetti (Zinken) heute nicht mehr (oder noch nicht wieder) zu haben sind, der Klang unserer Geigen und Posaunen auch verschieden von dem ihrer alten Namensvettern ist, sollte man bei der Wahl der Instrumente keine Skrupel haben.

In der genannten *Sonata pian e forte* wird – wie schon der Name sagt – vom Komponisten ausdrücklich mit einem deutlichen Wechsel von Lautstärkegraden gerechnet. Obwohl bei den übrigen Stücken ein solcher Wechsel nicht vermerkt ist, ergibt er sich doch aus der Struktur des Satzes: voll gesetzte Teile klingen naturgemäß stark, dünn gesetzte schwach. Die von mir hinzugefügten dynamischen Zeichen *f* und *p*, sowie ein *mf* für eine gelegentlich empfehlenswerte Mittelstärke wollen diesen Wechsel deutlich machen. Das An- und Abschwellen, zumal der Singstimmen, ist über das natürlicherweise sich ergebende geringe *crescendo* beim Aufsteigen und das entsprechende gegensätzliche *diminuendo* hinaus kaum angezeigt. Hie und da, wo eine graduelle Änderung der Klangstücke wohl auch den damaligen Ausführenden richtig erschienen sein mag, ist ein eingeklammertes (*cresc.*) oder (*dim.*) zur Anwendung freigestellt.

Für die Artikulation der Instrumentalstimmen sind legato-Bögen und vereinzelt staccato-Punkte angegeben. Ihr Fehlen in den Originalstimmen deutet keineswegs auf ein stetes Note-für-Notestreichen der Bogeninstrumente hin, noch verlangt es ein beständiges abgetrenntes Intonieren der Bläser. Gruppen von kurzwertigen Noten sind zweifellos gebunden gespielt worden. In alle Instrumentalstimmen habe ich Zeichen für den Hinauf- und Herunterstrich V ⊓ der Streicher eingezeichnet, die selbstverständlich für die Bläser ohne Bedeutung bleiben. Das Haupttempo sowie wichtige Zeitmaßänderungen sind ganz ungefähr in Metronomzahlen angegeben, vorsichtig ergänzt durch Zusätze die den Vortragscharakter betreffen. Das heute so verbreitete, verabscheuungswürdige Abspielen in metronomischer Regelmäßigkeit darf auf keinen Fall statthaben. Die sehr bestimmt auftretenden Kadenzierungen teilen zwar die Form der Stücke in klar unterscheidbare Einzelstrecken, darüber hinaus bedarf es aber noch deutlicherer Herausarbeitung der Struktur. Dazu sind keine ausgesprochenen *accelerandi* oder *ritardandi* vonnöten, aber ohne ein gut berechnetes ruhiges Ausspielen oder geringes Andrängen von Linien kommt keine lebendige Gestalt zustande. Enden von Hauptteilen und der Schluß eines Stückes bedürfen selbstredend einer Verbreiterung. Zur Verdeutlichung gehört auch das (kaum auffällige) Hervorheben von imitatorischen Stellen, von kleinen Soli oder markanten Figuren. Die geringen Verbreiterungen bei Kadenzierungen sind mit ∼∼ angemerkt, hervorzuhebende Stimmen mit ⌐. Eine kleine 0 bedeutet ein allgemeines, generalpausenähnliches Absetzen.

Noch einiges über die Besetzung der Stücke.
Gabrieli hatte zwischen 30 und 40 Sänger zur Verfügung, dazu wahrscheinlich Verstärkungen für besonders festliche Gelegenheiten. Obwohl der Tonsatz der Chorstücke so ist, daß auch bei sehr viel größeren Chören alles noch deutlich bleibt, entspricht doch ein mittelstarker Chor von 40–80 Sängern am besten dem Stil des Werkes. Die mit der Aufteilung in mehrere Chöre beabsichtigte antiphone Wirkung kommt nur dann zur Geltung, wenn die Einzelchöre genügend weit voneinander entfernt aufgestellt werden, am besten auf verschiedenen Podien oder Galerien – wie es in der Markuskirche der Fall war. Bei Instrumentalverstärkung tritt zu jedem Chor die ihm zugehörige Instrumentengruppe. Die chorlosen Instrumentalstücke könnten wohl ebenfalls mit starker Besetzung gespielt werden (auch dann mit getrennter Aufstellung der mehrfachen Chöre) ohne daß die Klarheit der Stücke notlitte. Der dadurch erreichte pastose, dicke Klang entspricht jedoch wenig der durchsichtigen, schön gezeichneten Satztechnik. Es ist daher vorteilhafter, jedes beteiligte Instrument nur einzeln zu besetzen.
Alle meine Vorschläge über die Besetzung gehen von der Erwägung aus, daß man sich damals jede Freiheit erlaubte und die Zusammensetzung der Instrumentengruppen ganz den gegebenen Umständen und Erfordernissen anpaßte. Auch hier gilt wieder das oben Gesagte: wer anderer

Meinung ist, kann sich anhand des Originals andere Aufführungsweisen ausdenken.
Wer sich über Gabrielis Leben und Schaffen unterrichten will, findet in *Die Musik in Geschichte und Gegenwart* IV (Bärenreiter) und im *Riemann Lexikon* (Schott) ausführliche Artikel. Die beste und dazu zeitgenössische Auskunft über das mehrchörige Musizieren (*cori spezzati*) findet sich in Michael Praetorius' *Syntagma Musicum I* 1619 (... D ...). Die Orthographie und Interpunktion der lateinischen Texte folgt der heutigen, in der römischen Liturgie gebräuchlichen Form.

IV. *Deus, qui beatum Marcum*

Dieses Stück bietet keine Schwierigkeiten für eine formklare Darstellung, man braucht lediglich den Gegensatz zwischen den vollchörigen und antiphonen Teilen deutlich zu machen. Kann mit schönster Wirkung a cappella gesungen werden. Zur Stützung mit Instrumenten liegen Stimmen bei, für jeden Chor drei, zum zweiten Chor dazu eine 16'-Verstärkung. Diese Stimmen sind eine kondensierte Fassung der vokalen Doppelchor-Stimmen – ich halte eine solche sparsam über die ganze Textur verteilte dünne Instrumentenhilfe für besser als ein bloßes Mitspielen einiger oder aller Chorstimmen. Einzuwenden wäre, daß sich zu Gabrielis Zeiten niemand die Mühe gemacht haben würde, besondere Instrumentalstimmen herzustellen. Wahrscheinlich sind die Instrumente auf bestimmte verabredete Zeichen des Leitenden hie und da hinzugetreten um dann wieder zu pausieren. Eben diese Aufführungsweise wollen die vorliegenden Instrumentalstimmen erzielen. Daß sie nicht bloße Verdopplungen der Singstimmen sind, fällt ja nicht auf, da nicht ein einziger ihrer Töne nicht auch dort vorkommt. Wem diese Art der Instrumentenmitwirkung doch noch zu frei erscheint, der möge aus den Chorstimmen soviel instrumentaliter mitspielen lassen, wie ihm gut erscheint. In der Wahl der Instrumente ist man frei; einheitliche (Holz, Blech, Streicher) für jeden der beiden Chöre ist möglich, aber auch die von Gabrieli selber in den Instrumental-Stücken angewendete Mischung von Streichern und Blech ist gut.

VI. *Judica me*

Seinem Umfang nach ein a cappella-Stück. Den ersten Chor hauptsächlich mit Männerstimmen besetzen, Oberstimmen Alte. Zweiter Chor Frauenstimmen, Unterstimme Bariton. (Die Stimmbezeichnung »Tenor« bedeutet keine Männerstimme). Will man Instrumente mitgehen lassen, spielen sie aus den Singpartituren. Es empfiehlt sich jedoch, nur bei den vollbesetzten Stellen, Takte 21–24 und von 45 bis zum Schluß, die Instrumente dabei zu haben. Sanftklingende Instrumente sind zu bevorzugen. Zwei oder drei Instrumente für jeden Chor genügen, sie können nach Bedarf von einer Chorstimme zur andern springen. Der Gesamtbaß liegt in der Unterstimme des ersten Chores, er kann etwas stärker besetzt sein. Keine 16'-Verstärkung des Basses.
Gut aufbauen vom zaghaften Anfang bis zum breiten Schluß (von Takt 61 ab). Als ausdrucksschwächste Stelle die durch die stockenden Pausen unterbrochene Taktgruppe 12–17, dann wieder fließend. Die mit ⌐ markierten kleinen Imitationen Takte 35–38, 40–42 und 47–48 deutlich. Bei diesen Stellen kann das Tempo vorsichtig angezogen werden. Die Takte 54–59 bewußt als Wiederholung der Takte 49–53 (mit verbreiterter Endung) ausführen.

XII. *Magnificat*

Dieses Magnificat, in seiner ruhigen Schönheit, seiner satten Farbe und zärtlichen Haltung einer Bellinischen Madonna vergleichbar, bedarf insofern geschickten Planens der Darstellung, als seine Form, mehr als die irgendeines anderen Stückes der Reihe, in eine Anzahl kleiner Einzelteile aufgespalten ist, die keine motivischen Zusammenhänge haben und auch den Ausdruck, den Sätzen des Textes entsprechend, stets wechseln. Unsere Tempo- und Vortragsbezeichnungen – wie immer ohne Verbindlichkeit – wollen zu einer klaren Anlage verhelfen. Der zweite Chor hat die Bezeichnung CAPELLA. Michael Praetorius (1619) spricht von verschiedenen Bedeutungen dieses Terminus. Die uns betreffende sei hier in seinen eigenen Worten wiedergegeben. »... solcher Capellen habe ich in etlichen des Johan Gabrielis abgeschriebenen *Concerten* viel und unterschiedlich gesehen ... In denselben aber, so wol auch in seinen ersten Anno 1597 *publicirten Cantionibus sacris* befindet sich, daß das wort *Capella*, ihme so viel heisset und bedeutet, als wenn ich setze, *Chorus Vocalis, Chorum Vocum*; das ist, der *Chorus*, welcher mit *Cantoribus* und Menschenstimmen muß besetzet werden ...« Bei jedem anderen Chor kann man Instrumente mitspielen lassen bis zu dem Grade, daß schließlich nur eine einzige Vokalstimme besetzt ist, doch »ist meistentheils noch ein Chor darbey, do alle vier Stimmen mit *Cantoribus* besetzt werden: Denselben nun nennet *J. Gabriel Capellam.*« Für diese Capella kann man »unten bey der Erden, oder sonsten an einem bequemen Ort, do die *Musici* von den Zuhörern ungehindert bleiben können, einen gewissen stand, einem *Theatro* gleich ...« aufstellen. »Wie man dann auch wol, do man wil, gar einen sonderlichen Ort ... auffbawen kann.«Die Capella ist also ein a cappella-Chor (allerdings spricht Praetorius bei einer weiteren Definition des Ausdruckes doch wieder von Instrumentenzugabe), der von den übrigen Chören besonders weit entfernt, wenn möglich in größerer Höhe, aufgestellt werden soll. Dementsprechend ist unsere Instrumentalzugabe beim zweiten Chor eingerichtet: die Instrumente spielen nur dann, wenn der zweite Chor sich mit den beiden anderen zur vollen Tutti-Wirkung vereinigt. Um die Abtrennung der Capella noch deutlicher zu machen, kann man die ihr zugehörigen Instrumente bei einem der anderen Chöre belassen. Die Ausgeglichenheit des Satzes darf nicht durch ein ständiges Forcieren der Oberstimme des ersten und dritten Chores (falls diese mit Tenören besetzt sind) gestört werden, deshalb wurde um einen Ton tiefer transponiert.

XIII. *Regina Coeli*

Umfang und Faktur machen dieses Stück geeignet zu a cappella Vortrag. Außer den Übergängen von zarten zu energischen Teilen (die sich auch in Dynamik und Tempo unterscheiden müssen) bietet es keine Interpretationsschwierigkeiten. Will man Instrumente mitspielen lassen, so beschränkt man sie am besten auf das sechsmalige Alleluja. Sie spielen dann aus den Chorstimmen mit. Zwei oder drei Instrumente für jeden Chor genügen. Die Baßstimme des zweiten Chores kann beim Alleluja wirkungsvoll mit einem 16'-Instrumentalbaß verstärkt werden.

XIV. *Nunc Dimittis*

Diese majestätische Komposition erzielt in der Originallage keinerlei befriedigende Wirkung: die fortwährend auftretenden a'' im Sopran des ersten Chores erzeugen eine Stimmung eifrigster Gewalttätigkeit, die keinesfalls dem Inhalt entspricht. Eine Tiefertransposition um einen Ton schien darum angebracht – man darf sich ja ohnehin die damals notierten Tonhöhen nicht als unbedingt feststehend vorstellen, noch kann man sie mit unserer (sehr hinaufgetriebenen) Normalstimmung gleichsetzen. Die Baßstimme des zweiten Chores erreicht dadurch einige Töne, die nur wenigen Sängern erreichbar sind, und die des dritten bewegt sich in einer völlig unvokalen Lage. Zweifellos wurde eine solche Stimme instrumental ausgeführt, wahrscheinlich mit Hinzunahme von gesungenen Tönen, die noch erreichbar waren und solchen, die hinaufoktaviert wurden. Solche Möglichkeiten sind mit kleinen Noten angegeben. Die beigefügten Instrumentalstimmen rechnen auf die Mitwirkung eines Kontrabasses (oder Kontrafagotts), der diese Stimme in der richtigen Lage ausführt. Sowohl dem ersten wie dem dritten Chor sind drei Instrumentalstimmen beigegeben.

Der zweite Chor trägt die Bezeichnung CAPELLA. Nach unseren Erläuterungen an anderer Stelle – siehe »Magnificat«, Nr. 12 dieser Reihe – handelt es sich um einen Chor, der räumlich sehr entschieden von den beiden anderen Chören abgesetzt werden soll, etwa an der entgegengesetzten Saalseite oder sehr erhöht. Außerdem sollten bei ihm die Instrumente nicht so wichtig sein wie beim ersten und dritten Chor. Sängen wir das Stück untransponiert, so wäre die a-cappella-Ausführung des zweiten Chores möglich – wem das wichtiger ist als das Soprangeschrei des ersten Chores, kann ja in der Originaltonart singen lassen. Der Unterstimme des Cappella-Chores (Duodecimus II) ist durchweg eine Instrumentalverdopplung (Cello oder Fagott) beigegeben, welche das öfter vorkommende Es ohne Mühe bringt. Auch hier sind für die Sänger durch kleine Noten die Ausweichmöglichkeiten in die höhere Oktave angegeben.

XVI. *Omnes gentes plaudite*

Dieses prunkvolle Musikstück, der festliche Abschluß des ersten Bandes der Symphoniae Sacrae verlangt nach voller Chor- und Instrumentenbesetzung. Die tiefliegenden Baßstimmen (Decimus I, Bassus) können durch Hinaufpunktieren (kleine Noten) singbar gemacht werden, die unterstützenden Instrumentalbässe übernehmen die den Sängern nicht erreichbaren Töne. Die Instrumentalstimmen sind nach der in den vorangehenden Chorstücken angewendeten Weise eingerichtet: für jeden Chor drei Stimmen, welche durch Zusammenziehen und Aussparen ein rudimentäres Seitenstück zum Chorsatz bilden. (Wer gegen solche Einrichtung ist, kann alle oder ausgewählte Chorstimmen unverändert mitspielen lassen). Bei der Auswahl der Instrumente hat man wie immer alle Freiheit. Allerdings bleibt für einige Stimmen keine Wahl: die Unterstimme des zweiten Chors kann nur ein Fagott sein (wenn man nicht die stilistisch unmögliche Tuba einsetzen will), da außer dem Kontrabaß kein anderes Instrument das Kontra-B hat. Den Kontrabaß nimmt man aber am besten für den vierten Chor. Um die Orchesterbesetzung nicht allzu buntscheckig werden zu lassen, empfiehlt es sich, im zweiten Chor dem Fagott weitere Holzblasinstrumente (Oboe, noch ein Fagott) bei-

zugeben, dem Kontrabaß im vierten Chor Streicher zuzuteilen. Für den zweiten Chor könnten dann drei Blechinstrumente und für den ersten wiederum Streicher genommen werden.
Die Gestaltung bietet keine Schwierigkeiten. Man mache die Unterschiede zwischen den energisch markierten Tuttistellen und den sehr gehalten zu singenden ruhigeren Zwischengliedern (Takte 15–20, 28–39) recht deutlich. Die vox tubae, welche durch fortgesetzte Vokalnachahmungen von Trompetensignalen deutlichgemacht wird (Takte 60–65) – zwar die kürzeste, aber zweifellos die brillanteste und energischste aller »Battaglien« der damaligen Zeit – verlangt nach herzhaftem Schmettern. Umso gebundener darf sich dann das folgende Alleluia in zweimaligem Anstieg vom Einzelchor zum Gesamtchor aufbauen.
Das Stück ist um einen Ton tiefer transponiert, um die Soprane zu schonen.

[1959/60]

Abdruck nach Manuskripten und Typoskripten aus dem Nachlaß von Paul Hindemith. Die von Hindemith geplante aufwendige Publikation von Einzelausgaben der *Sacrae Symphoniae*, die neben dem Gesamtvorwort und dem Vorwort zum jeweiligen Werk ein Faksimile des Originaldrucks sowie eine moderne Edition enthalten sollten, kam nicht zustande. Eine verkürzte Fassung des Gesamtvorwortes wurde später in mehreren Einzelausgaben der *Sacrae Symphoniae* veröffentlicht (Schott, Mainz).

Das lange Weihnachtsmahl

Dem Libretto »Das lange Weihnachtsmahl« liegt das auch in Deutschland bekannt gewordene gleichnamige Stück von Thornton Wilder zugrunde. Der Zuschauer erlebt, zu einem einzigen fortlaufenden Weihnachtsmahl zusammengefaßt, 90 Weihnachtsmähler der Familie Bayard im mittleren Westen Amerikas zwischen 1840 und 1930. Sie gehen in demselben Haus, in demselben Zimmer und an demselben Tisch fast unmerklich ineinander über. Durch eine Lebenstür werden die Neugeborenen hineingetragen, durch eine Todestür schreiten die Sterbenden davon. Eine Generation löst die andere ab. Wir werden Zeuge des Aufstiegs und Verfalls einer Kaufmannsfamilie ähnlich wie in Thomas

Manns »Buddenbrooks«, freilich in einer auf ein kurzes Bühnenwerk konzentrierten Form. Die Urfassung von Thornton Wilder hat der Dichter in Zusammenarbeit mit dem Komponisten zu einem Libretto umgearbeitet, in welchem die gesellschaftskritischen Formulierungen (ähnlich wie in »Figaros Hochzeit« im Vergleich zum »Tollen Tag«) zugunsten der musikträchtigen Situation zurückgedrängt wurden, so daß sich viele Gelegenheiten zum Musizieren in geschlossenen Nummern ergeben. Paul Hindemith hat den englischen Text dieses Librettos komponiert und ihn danach ins Deutsche übersetzt. Dieser Übersetzung bedient sich die Uraufführung des Werkes in Mannheim 1961. Es benötigt nur ein einziges, einfaches Bühnenbild. Die Partitur verlangt eine Mozartbesetzung und keinen Chor. Sie ist vornehmlich auf Ensemble und das andeutende Spiel auf elf Solisten gestellt.

[1961]

Erstveröffentlichung: Programmheft zur Uraufführung von *Das lange Weihnachtsmahl* am 17. Dezember 1961 in Mannheim. Der Autor des Textes ist namentlich nicht kenntlich gemacht, doch legen stilistische Eigenheiten sowie einige Detailkenntnisse Hindemiths Autorschaft nahe.

GEORGES STAROBINSKI enseigne la musicologie à l'Université de Genève. Il s'est formé au Conservatoire (piano, direction d'orchestre) et à l'Université de Genève, avant de poursuivre ses études à la «Hochschule für Musik» de Munich (direction d'opéra, lied). Actif aux théâtres de Lucerne et de Bâle comme pianiste et chef d'orchestre (1987–1990), il s'est consacré par la suite à l'enseignement de la musicologie à l'Université de Genève où il a soutenu une thèse de doctorat sur Alban Berg, publiée aux Éditions Peter Lang. Le lied occupe une place de prédilection aussi bien dans ses activités musicologiques qu'au concert.

NORBERT ABELS, 1953 in Schmallenberg/Sauerland geboren, studierte Literaturwissenschaft, Philosophie, Musikwissenschaft und Judaistik. Er lebt als Publizist, Literaturdozent und Dramaturg in Frankfurt/Main und ist seit der Spielzeit 1998/1999 Chefdramaturg an der Frankfurter Oper. Zahlreiche Veröffentlichungen u.a. zu Mozart, Rossini, Verdi, Mahler, Schönberg, B.A. Zimmermann und Britten sowie zu Schiller, Büchner, Whitman, Leskov, Hofmannsthal, Maeterlinck, Wilde, Schnitzler, Werfel, C. Wolf. Dramaturgische Arbeiten in Frankfurt/Main, Hamburg, Bremen, Wiesbaden, Mannheim, Wien, London, Paris, Lyon, Brüssel, Graz, New York, Philadelphia, Tel Aviv. Zusammenarbeit mit dem Kabuki-Theater, Tokyo, und mit den Regisseuren R. Berghaus, L. Bondy, N. Brieger, K. Horres, T. Langhoff, N. Lehnhoff, C. Marthaler, P. Mussbach, D. Neuner, J. Strassvogel, H. Wernicke, R. Wilson.

INGA MAI GROOTE, geb. 1974, studierte in Bonn Musikwissenschaft, Mittelalterliche/Neue Geschichte und Italienisch (M.A. 1999) sowie Mittellateinische Philologie. Zur Zeit arbeitet sie als Stipendiatin des Graduiertenkollegs »Die Renaissance in Italien und ihre europäische Rezeption« an einer Dissertation zu Musik in italienischen Akademien des 16. und 17. Jahrhunderts.

Verzeichnis der in den bisherigen Hindemith-Jahrbüchern erschienenen Beiträge

1973/III

Hans Curjel	Hindemith vor Augen
Andres Briner	Paul Hindemith et l'idée d'une communauté musicale
Howard Boatwright	Hindemith's Performances of Old Music
Dieter Rexroth	Das Künstlerproblem bei Hindemith
Hellmuth Christian Wolff	Die Kammermusik Paul Hindemiths
Erwin R. Jacobi	Zu Hindemiths »Minimax«-Komposition (1923)
Dietrich Berke	Tonmaterial und Geschichte - Reflexionen über Hindemiths »Unterweisung im Tonsatz«
Glenn Gould	Hindemith: Kommt seine Zeit (wieder)?
Alfred Beaujean	Glenn Gould als Denkanstoß - Zur Neuaufnahme der drei Klaviersonaten Hindemiths
Erich F.W. Altwein	Zum Briefwechsel Paul Hindemith - Hans Kayser
Hildegard Weber	Paul Hindemiths erste namhafte Klavierinterpretin. Zum 85. Geburtstag von Emma Lübbecke-Job
Otto Zickenheiner	Hindemith-Bibliographie 1971-1973
Paul Hindemith	Hören und Verstehen ungewohnter Musik

1974/IV

	Bemühungen um Hindemith - Wozu?
Hans Heinz Stuckenschmidt	Paul Hindemiths Aufbruch und Heimkehr
Ingeborg H. Solbrig	Cultural and Political Perspectives of the Weimar Republic
Rudolf Stephan	Über Paul Hindemith
Siegfried Borris	Perspektiven zu Hindemiths kunstmoralischem Engagement
Karin v. Maur	Oskar Schlemmer und Paul Hindemith
Wulf Konold	Paul Hindemiths *Serenaden*
Geoffrey Skelton	The Teacher and his American Students
Wolfgang E. Rebner	Mein Lehrer Hindemith
Maurice Zermatten	Le couple Paul-Gertrude Hindemith
Karl Leo Gerhartz, Hermann Markard	Wer deckte für Helene den Frühstückstisch?

Alfred Beaujean	Das *Requiem* und die *Messe* auf Schallplatte
Andres Briner	Eine Schallplatten-Einspielung des *Unaufhörlichen*
Peter Cahn	Hindemith aus der Sicht statistischer Analyse
Andres Briner	Paul Hindemith und Arnold Schönberg
	Zum Briefwechsel Paul Hindemith-Hans Kayser
Paul Hindemith	Über die Viola d'amore

1976/V

Philipp Mohler	Paul Hindemith - Aus Anlaß des 80. Geburtstags
Peter Cahn	Paul Hindemith in Frankfurt
Ann Clark Fehn	*Das Unaufhörliche* - Gottfried Benns Text in der Vertonung von Paul Hindemith
James E. Paulding	*Mathis der Maler* - The Politics of Music
Janós Breuer	Die erste Bartók-Schallplatte - das II. Streichquartett op. 17 von Béla Bartók in der Einspielung des Amar-Hindemith-Quartetts
Rezensionen	Bücher und Schallplatten

1977/VI

Diether de la Motte	Hindemith neu gehört
Ludwig Finscher	Komponieren um 1915
David Neumeyer	Letter-Name-Mottoes in Hindemith's *Gute Nacht*
Dieter Rexroth	Zu den *Kammermusiken* von Paul Hindemith
Friedrich Hommel	Rückblick auf ein Experiment - Paul Hindemith und Bertolt Brecht
Gerd Sannemüller	Das *Philharmonische Konzert* von Paul Hindemith
Bernhard Billeter	Die kompositorische Entwicklung Hindemiths am Beispiel seiner Klavierwerke
Eckhart Richter	A Glimpse into the Workshop of Paul Hindemith
Dietrich Bauer	Paul Hindemith als Bratschist
Peter Cahn	Ein unbekanntes musikpädagogisches Dokument von 1927: Hindemiths Konzeption einer Musikhochschule

1978/VII

Giselher Schubert	Zur Bedeutung der Hindemith-Gesamtausgabe
Rudolf Stephan	Adorno und Hindemith. Zum Verständnis einer schwierigen Beziehung
Josef Dorfman	Hindemith's Fourth Quartet
David Neumeyer	The Genesis and Stucture of Hindemith's *Ludus Tonalis*
Winfried Kirsch	Paul Hindemiths Weinheber-Madrigale (1958)
Luther Noss	Hindemith's Concert Tours in the United States 1937, 1938, 1939
Eckhart Richter	Paul Hindemith as Director of the Yale Collegium Musicum
	Paul Hindemiths erste Reise in die USA im Jahre 1937 - Seine Briefe an Gertrud Hindemith
Annegrit Laubenthal	Hindemith-Bibliographie 1974-1978

1979/VIII

Norbert J. Schneider	Prinzipien der rhythmischen Gestaltung in Hindemiths Oper *Mathis der Maler*
Friedrich Neumann	Kadenzen, Melodieführung und Stimmführung in den *Six Chansons* und *Five Songs on Old Texts* von Hindemith
Raymond Gros	Hindemith et les Poèmes Français de Rilke
Aloys Greither	Paul Hindemith und Ladislav Černý
Wulf Konold	Hindemith, Hartmann und Zillig heute
Everett Helm	Zu Gian Francesco Malipiero
Detlef Gojowy	Arthur Lourié der Futurist
Irina Graham	Arthur Sergeevič Lourié - Biographische Notizen
Gisela Glagla	An Facettenreichtum hinzugewonnen
Sigfried Schibli	Der épatierte und der beschwichtigte Bürger

1980/IX

Dieter Rexroth	»Wohin kann sich die Musik noch entwickeln?«

Giselher Schubert	Vorgeschichte und Entstehung der *Unterweisung im Tonsatz. Theoretischer Teil*
Claudia Maurer Zenck	Zwischen Boykott und Anpassung an den Charakter der Zeit. Über die Schwierigkeiten eines deutschen Komponisten mit dem Dritten Reich
Everett Helm	Wiederaufbau des deutschen Musiklebens nach 1945 und Paul Hindemith
Detlef Gojowy	Aspekte des kompositorischen Handwerks in den 20er Jahren - Manifestationen bei russischen Komponisten
Sigfried Schibli	Zum Begriff der Neuen Sachlichkeit in der Musik
Winfried Kirsch	Die *Opera domestica*. Zur Dramaturgie des bürgerlichen Alltags im aktuellen Musiktheater der 20er Jahre
Peter Cahn	Zu einigen Aspekten des Materialdenkens in der Musik des 20. Jahrhunderts

1981/X

Hans Otte	Hindemith erinnern...
Tilo Medek	Berührungsängste und Paul Hindemith
Peter Michael Hamel	Harmonikales Denken
Günther Becker	»Verachtet mir die Meister nicht« - zu Fragen des musikalischen Handwerks
Manfred Trojahn	Die Begriffe des *Handwerks* und der *Ethik* im gegenwärtigen kompositorischen Denken
Wolfgang Rihm	Verständlichkeit und Popularität - Künstlerische Ziele?
Wulf Konold	Komponieren in der Postmoderne
	Zur Besichtigung freigegeben. Gespräche - Kritiken - Berichte zu Veranstaltungen des Hindemith-Zyklus

1982/XI

Rudolf Stephan	Neue Musik in der Bundesrepublik Deutschland 1945-1950
Theo Hirsbrunner	Le rôle de la Musique de chambre dans la première moitié du 20ème siècle
Andreas Lehmann	Hindemiths *Lehrstück*
Klaus Ebbeke	Hindemith und das Trautonium

Carl Dahlhaus	Hindemiths Theorie des Sekundgangs und das Problem der Melodielehre
Luther Noss	Hindemith's first eight months as a resident of the USA
Norbert J. Schneider	Thornton Wilder und Paul Hindemith. Zu ihrem Briefwechsel anläßlich der Entstehung von *The Long Christmas Dinner*

1983/XII

Annegrit Laubenthal	Ausgerechnet der frühe Hindemith
Giselher Schubert	Paul Hindemith und der Neobarock. Historische und stilistische Notizen
Dieter Rexroth	Paul Hindemith und Brechts *Lehrstück*
Günther Metz	Hindemiths Lied *Stillung Mariä mit dem Auferstandenen*
Hans Vogt	Begegnungen mit Hindemith
Andres Briner	Ergänzungen und Berichtigungen zu Thornton Wilder und Paul Hindemith
Klaus Hinrich Stahmer	Der Klassik näher als dem Klassizismus. Die Streichquartettkompositionen von Strawinsky
Detlef Gojowy	Arthur Lourié der Futurist (II)
Georg Mautschka	Komponist und Pädagoge. Zu Leben und Werk von Philipp Mohler

1984/XIII

Ludwig Finscher	Der späte Hindemith
Günther Metz	Ein Spätstil Hindemiths?
Dieter Rexroth	*Wirke mit mir!* Anmerkungen zu Hindemiths Harmonievorstellungen
Giselher Schubert	Im Geschirr des allgemeinen Narrenwagens. Aspekte des Hindemithschen Musikdenkens
Reinhold Brinkmann	Über Paul Hindemiths Rede *Sterbende Gewässer*
Kurt von Fischer	Honeggers und Hindemiths pessimistische Sicht der Musik nach 1945
Siegfried Mauser	Musikalische Poetik bei Hindemith und Strawinsky
Theo Hirsbrunner	Paul Hindemiths Traditionsverständnis dargestellt am *Gloria* der *Messe*

Norbert J. Schneider	Phasen der Hindemith-Rezeption 1945-1955
Gernot Gruber	Zur Hindemith-Rezeption in Österreich seit 1943
Hans Kohlhase	Hindemiths Einfluß als Lehrer. Zum Schaffen seiner Schülerin Felicitas Kukuck

1985/XI

Hermann Danuser	Der Klassiker als Janus? Wandlungen in Paul Hindemiths Bach-Verständnis
Steven Hinton	Aspects of Hindemith's Neue Sachlickeit
Jacques Viret	L'ordre tonal selon Hindemith
James d'Angelo	Tonality Symbolism in Hindemith's opera *Die Harmonie der Welt*
Lars Hedblad	*Das Marienleben* - Zwei Etappen in Hindemiths Schaffen
Erik Lundkvist	Hindemith als Orgelmeister
Günther Metz	Hindemiths *Oktett*

1986/XV

Cevat Memduh Altar	Meine Begegnung mit Paul Hindemith
Cornelia Zimmermann-Kalyoncu	Paul Hindemiths Türkei-Jahre - oder: Wie organisiert man Atatürks Musikreformen
Dieter Rexroth	Paul Hindemiths Beitrag zum türkischen Musikleben
Andres Briner	Hindemiths Ballettprojekte zwischen 1936 und 1940 - Die Entstehung von *Nobilissima Visione* und spätere Ballettszenarien
Wulf Konold	Hindemiths Symphonie in Es
Eckhart Richter	Spider, spider what art thou spinning? Paul Hindemith's Songs for American School Children
Günther Metz, David Neumeyer	Hindemith-Bibliographie 1979-1981

1987/XVI

Rudolf Stephan	Der frühe Hindemith
Stephen Hinton	Expressionismus beim jungen Hindemith?

Hermann Danuser	»Sturmüberflaggt« - Paul Hindemiths expressionistische Moderne in den drei Orchestergesängen opus 9
Michael Zimmermann	Harmlosigkeit und Melancholie bei Christian Morgenstern und Paul Hindemith
Klaus Ebbeke	Zu Hindemiths Reger-Rezeption
Siegfried Mauser	Natur und Natürlichkeit und Hindemiths frühe Klaviermusik: Affinität und Differenzen zur Ästhetik Claude Debussys
Bernhard Billeter	Zur Wiedergewinnung von Hindemiths Klaviersonate op. 17
Annegrit Laubenthal	Skizzen, Entstehung und Formkonzept der *Sancta Susanna*
Peter Cahn	Hindemiths Klarinettenquintett op. 30 und seine beiden Fassungen
David Neumeyer	Hindemith's *hommage à Bach* in Two Early Viola Sonatas
Günther Metz	Paul Hindemiths *Kammermusik Nr. 4* op. 36 Nr. 3 für Solo-Violine und größeres Kammerorchester
Helga de la Motte-Haber	Bewegung und Stillstand
Andres Briner	Dank an einen großen Sänger. Laudatio für Dietrich Fischer-Dieskau

1988/XVII

Ludwig Finscher	Zur Bedeutung der Kammermusik in Hindemiths Frühwerk
Hermann Danuser	Abschied vom Expressivo? Zu Paul Hindemiths Vortragsstil in den zwanziger Jahren
Volker Scherliess	Musik und Technik - zu ihrem Verhältnis in den zwanziger Jahren
Stephen Hinton	Hindemith: Pedagogy and Personal Style
Albrecht Dümling	*Tun ist besser als fühlen*. Der pädagogische Aspekt bei Brecht und Hindemith
Dieter Rexroth	Dichtung und Musik - ein Entwicklungsaspekt beim frühen Hindemith
Andres Briner	Hindemiths Liedschaffen in der Umwelt des *Cardillac*

Giselher Schubert	Zur Konzeption der Musik in Hindemiths Oper *Cardillac*
Rudolf Stephan	Neue Musik in der Kroll-Oper 1927-31
Wulf Konold	Zur Theorie und Praxis der Zeitoper
Jürgen Mainka	Hindemith und die Weimarer Republik
1989/XVIII	
Friederike Becker	*Singspielhalle des Humors.* Zu den *Dramatischen Meisterwerken* Paul Hindemiths
Paul Hindemith	Notizen zu meinen *Feldzugs-Erinnerungen*
Benno Elkan	Die Unwirklichkeit der Bühne
1990/XIX	
Manfred Trojahn	Die Freiheit des Künstlers - der Künstler und die Freiheit
Rudolf Stephan	Zum Verständnis der Oper *Mathis der Maler*
Daniël G. Geldenhuys	Paul Hindemith's late sonatas: A Documentation from the Letters
Andreas Traub	Zur *Sonate für Violoncello und Klavier* (1948)
Josef Dorfman	Counterpoint - Sonata form
Lothar Prox	Anmerkungen zur Wiederentdeckung und Rekonstruktion von Film und Musik *Im Kampf mit dem Berg*
Paul Hindemith	Texte zur Filmmusik
Else Thalheimer-Lewertoff	Frühe Erinnerungen an Paul Hindemith
Hanspeter Krellmann	Zeitgenosse Paul Hindemith?
Günther Metz	Hindemith-Bibliographie 1982-1984
1991/XX	
Peter Cahn	Zum Fortwirken von Neoromantik und Neoklassizismus nach 1945
Rudolf Stephan	Aufzeichnungen zu Hindemith
Eckhart Richter	Training Prospective Composers to be *Compleat* Musicians. Hindemith's Teaching at the Berlin Musikhochschule

Jürgen Blume	Hindemiths erste und letzte Fassung der *Unterweisung im Tonsatz* im Vergleich
Dirk Wingenfeld	Hindemiths Akkordbestimmung als Grundlage für eine differenziertere Akkordklassifikation
Donald Johns	Aimez-vous Brahms?: Ein Hindemith-Schenker-Briefwechsel
Giselher Schubert	Ludwig Rottenberg über Schenker. Zwei Dokumente
Tomi Mäkelä	Ambivalenz und gezielte Mißverständlichkeit
Michael Kube	Am Quartettpult. Paul Hindemith im Rebner- und Amar-Quartett. Teil 1

1992/XXI

Rudolf Stephan	Komponieren um 1920
Gerd Sannemüller	Gebrauchsmusik im Schaffen von Paul Hindemith
Hermann Danuser	Hindemith als Kammermusiker. Zu einigen historischen Aufnahmen des Amar-Quartetts
Julius Berger	Irritationskraft. Hindemiths Sonate op. 25,3 für Violoncello solo aus dem Blickwinkel eines Interpreten
Gerhard Sauder	Hindemith und die Literatur der zwanziger Jahre
Klaus Velten	Paul Hindemiths frühes Liedschaffen
Elisabeth Schmierer	Monumentalität und Pathos. Zu den Orchestergesängen op. 9
Kurt von Fischer	Musikalische Annäherungen an Georg Trakl
Andreas Traub	Eine Ehrenrettung Kirchers
Michael Kube	Am Quartettpult. Paul Hindemith im Rebner- und Amar-Quartett. Teil 2

1993/XXII

Friedbert Streller	Expressionismus - Nach-Expressionismus - oder Neue Sachlichkeit? Paul Hindemith in den Strömungen und Tendenzen der 20er Jahre
Michael Kube	Die Faktur der Ekstase. Zu Kontext, From und Harmonik von Hindemiths *Sancta Susanna*
Stephen Hinton	*Lehrstück:* An Aesthetics of Performance
Elisabeth Schwind	Die Künstlerproblematik in Hindemiths *Cardillac*. Zur zweiten Fassung von 1952

Thomas Seedorf	Des Goldschmieds neue Kleider. Zur Zweitfassung des *Cardillac*
Andres Briner	Paul und Gertrud Hindemiths literarische Interessen. Eine Studie aufgrund der Bibliothek in Blonay und einiger Materialien im Hindemith-Institut
Michael Kube	Am Quartettpult. Paul Hindemith im Rebner- und Amar-Quartett. Teil 3
1994/XXIII	
Andres Briner	Maß und Seele. Dem Paul-Hindemith-Institut zu seinem 20jährigen Bestehen
Andreas Traub	Eine Perotin-Bearbeitung Hindemiths
Peter Ackermann	Musikgeschichte und Aufführungspraxis. Paul Hindemiths *Versuch einer Rekonstruktion der ersten Aufführung* von Monteverdis *Orfeo*
Wolfgang Rathert	Zu Paul Hindemiths Bearbeitung des 100. Psalms von Max Reger
Susanne Schaal	Wahn und Wille. Hindemiths Bearbeitung des Duetts Nr. 16 aus *Cardillac* (1952)
Theo Hirsbrunner	Paul Hindemith und Darius Milhaud. Gemeinsamkeiten und Kontraste
	Die Widmungsträger von Paul Hindemiths *Konzert für Orchester* op. 38
1995/XXIV	
Luitgard Schader	Werk und Werke bei Paul Hindemith
Rudolf Stephan	Paul Hindemiths Streichquartett op. 32
Ann-Katrin Heimer	Eine unbekannte Quelle für Hindemiths Englischhorn-Sonate
Mark Delaere	Analysing Contrapuntal Music. Some Remarks on the Fugues in C and F from Hindemith's *Ludus Tonalis*
Otto Bruckner	Betrachtungen zu Paul Hindemiths Orgelsonaten
Susanne Schaal	Interpretation als Bearbeitung
Klaus-Dieter Krabiel	Das *Lehrstück* von Brecht und Hindemith

1996/XXV

Wolfgang Rathert	Was wird mit Hindemith geschehen? Stand und Perspektiven des Hindemith-Bildes
Rudolf Stephan	Über Hindemiths »Klang«
Michael Kube	Zum Stilwandel in Hindemiths frühen Streichquartetten (1915–23)
Rainer Cadenbach	»Streichquartette eines Bratschers, Musikantenmusik...«. Zur Rolle der Bratsche in Hindemiths Kammermusik für Streicher
Mathias Hansen	»Neues von heute und morgen«. Zeitoper – Hindemith – Schönberg: Ein revisionsbedürftiges Thema
Giselher Schubert	Hindemith und Weill. Zu einer Musikgeschichte der zwanziger Jahre
Dietmar Schenk	Paul Hindemith und die Rundfunkversuchsstelle der Berliner Musikhochschule
Martin Elste	Hindemiths Versuche »grammophonplatteneigener Stücke« im Kontext einer Ideengeschichte der Mechanischen Musik im 20. Jahrhundert
Reiner Nägele	Götterdämmerung im Reich der Töne. Zu einem neuentdeckten Autograph zweier Chorlieder von 1927
Viktor Beljaev	Paul Hindemith. Eine Skizze

1997/XXVI

Harald Genzmer	Der Unterricht bei Paul Hindemith
Albrecht Riethmüller	Versuch über Hindemith
Ludwig Finscher	Paul Hindemiths geschichtlicher Ort
Hans Zender	Freiheit und Systeme. Paul Hindemith und das kompositorische Denken unseres Jahrhunderts
	Veranstaltungen zum Hindemith-Jahr 1995
	Mathis der Maler in London. Rezensionen
Michael Fuller	Hindemith's *Mathis der Maler*. A Parable for our Times
	Diskographie
Giselher Schubert	Hindemiths Briefe an Hans Boettcher

1998/XXVII

	Andres Briner
Stephen Hinton	Emigration and Self-Discovery
Geoffrey Skelton	Hindemith as Autobiographer
Rudolf Stephan	Die Musik der vierziger Jahre unter besonderer Berücksichtigung des Schaffens von Paul Hindemith
Allen Forte	Paul Hindemith's Contribution to Music Theory in the United States
Giselher Schubert	»Amerikanismus« und »Americanism«. Hindemith und die Neue Welt
Kim H. Kowalke	For Those We Love. Hindemith, Whitman, and »An American Requiem«
Hermann Danuser	Paul Hindemiths amerikanische Lieder
Ian Kemp	Sinfonietta 1950: Colour as Design
Stephen Hinton	Hindemith, Bach, and the Melancholy of Obligation
David Neumeyer	Hindemith and His American Critics. A Postmodern View

1999/XXVIII

Andres Briner	Marius Décombaz
Alexander J. Fisher	Paul Hindemith, Gottfried Benn, and the Defense of the Autonomy of Art in the Late Weimar Republic
Andres Briner	Im Zeichen Friedrich Nietzsches
Wolfgang Rathert	*Das Unaufhörliche* – ein verkanntes Hauptwerk Hindemiths?

GuntherNickel, Susanne Schaal	Die Dokumente zu einem gescheiterten Opernplan von Paul Hindemith und Ernst Penzoldt
Gerald Kilian	Paul Hindemiths *Symphonie »Mathis der Maler«*
Gerd Sannemüller	Hindemith-Tage in Lübeck (1932)